戦前日本の安全保障

川田 稔

講談社現代新書

2190

はじめに

近年の各種の世論調査をみると、時期によって多少の変動はあるが、日本の安全保障にとって日米安保条約を必要とする意見は八〇パーセント前後ある。一方で、沖縄における米軍基地の存在に否定的な意見も、同様に八〇パーセント前後である。ところが、よく知られているように、沖縄の米軍基地は日米安保条約にもとづいて存在している。日米安保条約はアメリカによる日本での基地使用を認めているからである。

安全保障の問題をそもそも考える必要はないとする立場もあるが、国民の多くは、日本の安全保障と米軍基地の存在とのあいだで、深刻なディレンマにおちいっているといえる。

しかも最近、普天間の問題をめぐって沖縄における米軍基地の存在が大きな問題となっている。他方、北朝鮮の核武装問題、尖閣列島や竹島をめぐる中国、韓国との軋轢《あつれき》など、東アジアでの国際的な緊張が表面化し、安全保障の問題が関心を集めている。

そのようななかで、現在の国際環境において、そもそも日本の安全保障はどのようにあるべきなのかが、多くの国民の関心事となってきている。日本の安全保障のあり方が、あらためて根本から問われているのである。

本書は、今後、その問題を考えていく一つの手がかりとして、戦前とりわけ両大戦間期日本の安全保障構想を、その背景をなしている国際秩序認識にもふれながら、検討しようとするものである。この時期の経験は、それをどう評価するかにかかわらず、日本にとって貴重な歴史的遺産であり、そこからえられる示唆は、現代にとっても有益なものがふくまれていると考えている。しかも最近の内外の政治・経済・社会状況は、両大戦間期に類似することが多いのではないかと、たびたび指摘されている。ことに冷戦体制の崩壊による国際関係の流動化は、両大戦間期の国際情勢を彷彿《ほうふつ》させるものがある。

そこで以下、両大戦間期日本を代表する四人の政治家・軍人として、山県有朋《やまがたありとも》・原敬《はらたかし》・浜口雄幸《はまぐちおさち》・永田鉄山《ながたてつざん》をとりあげ、それぞれの安全保障構想を検討していきたい。

山県有朋は、明治末から第一次世界大戦期にかけて、筆頭元老として明治政府以来の藩閥官僚勢力の頂点に立ち、国政に圧倒的な影響力をもっていた。

原敬は、政友会総裁として、第一次世界大戦末期、その藩閥官僚勢力にかわって政治権力を掌握し、議会をベースとする政党政治への道を切り開いた。

浜口雄幸は、昭和初期に民政党内閣を組織し、ロンドン海軍軍縮条約の締結を主導するなど、戦前政党政治の内政・外交をもっとも徹底させた。

永田鉄山は、満州事変以後の陸軍の中核的存在であり、政党政治にかわって陸軍による事実上の権力掌握の方向を軌道づけた。

いいかえれば、山県は第一次世界大戦期における藩閥官僚主導の国家体制を代表する軍人・政治家であり、原は同時期の政党政治の創始者。浜口はそれを継承し発展させた代表的政党政治家であり、永田は政党政治を否定した昭和陸軍の指導的存在であった。そして永田死後、昭和陸軍は日中戦争、第二次世界大戦へと向かっていく。

この四人は、それぞれ同時代の国際環境に対処すべく、独自の安全保障構想をもっていた。彼らの安全保障構想は、現実の国際状況をどのように認識し、どのような方向を展望するか、ということと密接に関係していた。第一次世界大戦下において、またそれ以後の流動的で緊張をはらんだ国際状況のなかで、独自の構想によって国際社会に立ち向かおうとしたのである。

目次

第一章
第一次世界大戦期山県有朋の構想
——帝国日本の安全保障

山県有朋

1　参戦と山県の対中国政策論

藩閥官僚から議会政党主導へ

第一次世界大戦（一九一四～一八年、大正三～大正七年）を契機に日本は、それまでの藩閥官僚勢力主導の政治体制から、議会政党主導の体制に移行していく（藩閥官僚勢力は、明治政府の中核をなす長州・薩摩の藩閥グループに専門高級官僚が連携した政治集団）。それと同時に外交的にも、大陸への軍事的政略的な膨張政策から、国際的な平和協調路線へと転換する。

この時期、旧来の藩閥官僚勢力を代表する人物が元老山県有朋《やまがたありとも》であり、政党勢力の代表的な指導者が政友会総裁の原敬《はらたかし》であった。山県は、藩閥官僚勢力の統率者として、従来の政治体制を維持しようとするスタンスだった。それにたいして原は、政友会党首として衆議院を基礎とする政党内閣の実現をめざしていた。

そのような時代の推移を念頭に、まず第一次世界大戦期の山県の構想からみていこう。

山県・桂系中心の第二次大隈内閣

山県有朋（一八三八～一九二二年、天保九～大正一一年）は、長州出身で、明治陸軍の中心人物として初代陸軍卿、初代参謀本部長、陸軍大臣などを歴任。また二度にわたって内閣を組織するなど、伊藤博文《いとうひろぶみ》につぐ明治国家の最高権力者の一人であった。そして伊藤死後は文字どおり藩閥官僚勢力の頂点にたつ存在となり、元老・枢密院議長・元帥陸軍大将として、官界政界に絶大な影響力をもった。

さて、大戦開始直前の一九一四年（大正三年）三月、シーメンス事件（海軍汚職事件）によって山本権兵衛《やまもとごんべえ》（薩摩・海軍出身）内閣が総辞職。翌四月、山県を中心とする元老会議の奏《そう》薦《せん》にもとづいて、いわゆる第二次大隈重信《おおくましげのぶ》内閣（第一次は明治期）が成立した。

明治憲法では内閣総理大臣の任命権は専一的に天皇に帰せられていた。だが、実際上は元老の推薦にもとづいて首班決定がなされるのが慣例だった。この時の元老は、長州の山県と井上馨《いのうえかおる》、薩摩の松方正義《まつかたまさよし》と大山巖《おおやまいわお》の四人で、なかでも山県が、藩閥官僚勢力最大の実力者として、もっとも強い発言力をもっていた。したがって大隈の首相就任にも山県の意向が少なからず働いていた。

大隈内閣は、加藤高明《かとうたかあき》を党首とする同志会などを与党とし、加藤は副総理格で外務大臣となった。しかし与党は、衆議院三八〇名中、同志会九二名のほか中正会《ちゅうせい》（党首尾崎行雄《おざきゆきお》）

三五名などを合わせて一二七名の少数勢力だった（野党は政友会二〇六名、国民党［党首犬養《いぬかい》毅《つよし》］三九名など）。また、閣僚も衆議院からは二名のみで、ほとんどが山県系の第三次桂太《かつらた》郎《ろう》（長州）内閣の関係者からなり、山県・桂系官僚勢力を中心とするものだった。

同志会は、桂が政友会対策として、加藤らの桂系官僚と国民党を脱党した議員を中心に結成したもので、この時期は藩閥官僚系の色彩を強くもっていた。なお、桂は結党式直後に死去し、外務官僚出身で駐英大使、外務大臣などの経歴をもつ加藤が代わって党首となっていた。

この大隈内閣成立のほぼ二ヵ月後、政友会では、西園寺《さいおんじ》公望《きんもち》総裁（第二代）のあとをついで、原敬が第三代の総裁となる。

対独開戦

同年（一九一四年）七月末から、ヨーロッパにおいてロシア、フランス、イギリスなどの連合国と、ドイツ、オーストリアなどの同盟国とのあいだで第一次世界大戦がはじまる。翌八月下旬、日本も、日英同盟（一九〇二年締結）にもとづき、ドイツに宣戦布告。連合国側の一員として参戦する。

この時期、大隈内閣は、高齢の大隈首相（七七歳）にかわって、加藤外相がリードしていた。加藤は、この機に、ドイツの根拠地をアジアから一掃し、そこに日本の勢力を扶植するとともに、満州権益をめぐる中国との懸案事項を一気に片づけようとした。

ドイツは、山東半島南部の膠州湾《こうしゅう》(青島《チンタオ》)を一八九八年に租借して以来、山東半島とその内陸部を勢力圏としてきていた。また日本の満州権益については、このころ、旅順・大連の租借期限が、条約上一〇年たらずで切れることになっていた。さらに南満州鉄道および、それと朝鮮鉄道をつなぐ路線(安奉線《あんぽう》[安東―奉天])についての鉄道敷設権と付属地管理権なども、それぞれ二十数年、一〇年たらずで期限が終了する状態にあった。加藤は、かねてからその期限延長を中国に認めさせることが外交上の重要な課題と考えていた。そして、このことは後のいわゆる対華二一ヵ条要求のなかに盛りこまれることとなる。

山県は、当初、対独開戦には躊躇《ちゅうちょ》していた。それは主にドイツに対する配慮からであった。山県はこう考えていた。「日英同盟の精神」からして、イギリス側に立つことはやむをえないかもしれないが、ドイツもまた長年の「親交国」である。また戦争の勝敗はかならずしも予想しえない。仮にドイツが敗れたとしても、国として滅亡するわけではなく、後世に「怨み」を残すことにならないか、と(「対独開戦事情」、大正三年)。

また、かねてから山県はドイツについて、「最近四十年間における独逸《ドイツ》工業の発達」はめざましく、近年「世界の諸方面」においてイギリスと競争し、「利害の衝突」を引き起こしている。ドイツはいまやイギリスを破らんばかりの勢いで、イギリスは「危殆《きたい》なる［危機的な］境遇」におちいるかもしれない。そうみていた（「帝国国防方針私案」、明治三九年。［ ］は引用者注。以下同）。

さらに、日英関係についても山県は、イギリスの対日感情は、すでに頼むに足りないものとなっていると判断していた。一九一一年（明治四四年）の第三次日英同盟において、当該同盟関係はアメリカにたいしては効力をもたないこととされた。これによって当時対米関係が緊張していた日本にとっては、実質的に空洞化されたものとなっていた。したがって山県は、今後の提携相手の選択肢の一つとしてドイツの存在を念頭に置いていたのである。

しかし現行の日英同盟への考慮から、内閣の方針に正面から反対することもできず、最終的には、懸念をもちつつ参戦に同意する。

日中協力の必要を自覚させる好機――山県の対中国政策意見書

山県は、このように当初対独開戦に懸念をもっていたが、参戦に決すると、対中国政策についての意見書を、大隈重信首相、加藤高明外相、若槻礼次郎《わかつきれいじろう》蔵相宛に提出した。この機会に、辛亥《しんがい》革命以来混乱している中国にたいして日本としての政策を確立すべきだとの考えからだった。

そこで山県はつぎのように記している。

現在、欧州に「大乱」が起こり、いわゆる「一等強国」はすべて交戦状態にある。それゆえ、彼らは、東洋に関心をむけ、中国での自国の利害を考慮して行動する余裕はない。これは、日本にとって従来の中国政策を一新して、新たな「対支政策」を確立する「好機」である。まず、中華民国大総統袁世凱《えんせいがい》にたいして、「人種競争の趨勢」を説き、「支那民族の歴史と独立」を保持するには、日本を信頼すべきことを悟らせなければならない。それとともに、彼に「財政上の援助」など有力な支援を与えて日本に接近させる必要がある。

袁世凱

ヨーロッパでの大乱が終息すれば、列強諸国はふたたび「東洋の利権」に注目することになる。その時は、「白人」たちは連合して「有色人」の敵となるかもしれない。いまや、「東洋における有色人種にして独立の国家を形成するもの」は、日本と中国のみである。したがって、日中両国はたがいに「親善」を深めなければならない、と。

さらに山県はつづける。

そのためには、中国にたいして、国力の充実をはかり「東洋平和の基礎」を強固にするには、まず日本との「共同一致」の意志を定めるべきことを悟らせる。つまり政治上において日本を信頼し、経済上においても相互に援助しあう必要を理解させなければならない。それによって、中国のこれまでの日本に対する態度を改めさせる。そのうえで、今後、「政事上及び経済上の問題にして、いやしくも外国に関係あるものは、必ず先ず我[日本]に謀《はか》りて而《しか》して後ちこれを決せしむる」ようにしなければならない。いまはその「千載一遇《せんざいいちぐう》の好機」である。しかも、中国は現在において、すでに「我が貿易上の一大顧客」であり、将来はなおさら大きな顧客となるものだ。したがって、経済上において相互に密接な関係を維持していかなければならない、と（「対支政策意見書」、大正三年。傍点は引用者。以下同）。

すなわち、今後は中国の独立を保全するとともに、日中関係の改善をはかり、その連繫を緊密化していかなければならない。それには袁世凱に財政上の援助など相当な支援を与えて、日本に接近させる必要がある。袁に日中協力の必要を自覚させ、政治・経済上の問題で、少なくとも「外国に関係ある」ことがらは、必ず日本との協議の上で決定させるようにしなければならない。それにはこのヨーロッパの戦乱がまたとないチャンスである。

しかも中国は、これからの日本にとって経済上の一大貿易市場となるべきものであり、それとの関係はすこぶる重要である、というのである。

また、同じ時期に、大隈首相と直接面談したさいにも、山県はほぼ同様の趣旨の意見を述べている。すなわち、今後は日中間の親密化を図るべきであり、袁世凱に金融面などで恩恵を施し、「将来は重大なる事みな先ず日本に協議して行うことを約せしむ」よう努めるべきだ、と（「対独開戦事情」、大正三年）。

つまり、山県は、北京政府最大の実力者袁世凱を援助し、中国を独立国家として保全するとともに、それを日本の影響下に置こうと考えていたのである。後にふれるように、山県の考えは、列強による中国の分割を避け、中国の領土と主権を一応保全しながら、全体として日本の影響下に置こうとするものだった。

中国本土への勢力拡大

そのような中国保全論はつぎのような理由によっていた。アジアでまがりなりにも独立した国家といえるものは日本と中国のみである。どちらかが国として滅亡すれば、他の一国に欧米の力が集中し独立を維持できなくなる。中国が分割された場合、欧米列強のアジアへの圧力が直接日本一国にかかってくることとなり、それを支えきれなくなる、というのである。したがって、袁世凱政府に援助を与え、中国を独立の国家として保全し、それを日本の影響下に置こうとしたのである（『山公遺烈』前篇上、大正一四年）。

中国では、辛亥革命によって、一九一二年一月、南京に中華民国臨時政府が成立し、孫《そん》文《ぶん》が臨時大総統についた。だが、翌月清朝の宣統帝を退位させた北洋軍閥の袁世凱が、臨時政府との妥協によって大総統に就任し、正式に中華民国が成立した。北京が首都とされ、それ以来、袁世凱が中国政府の実権を握ることとなった。しかし、袁はその後議会選挙で大勝した孫文らの国民党を弾圧。それにたいして国民党急進派が武力抵抗するなど、中国情勢はなお不安定な状態にあった。

山県は、列強諸国の関心が欧州大戦に集中しているこの機会に、苦境におちいっている袁世凱政府を援助することによって、中国での日本の影響力を拡大しようとしたのである。

大戦前まで、山県の大陸への関心は、おもに満蒙権益の確保とその強化にあり、中国本土（関内）に関しては、列強諸国への考慮から介入をひかえていた。しかしこの段階では、欧州大戦の機会に袁世凱への働きかけによって、中国中央政府への日本の影響力を強め、中国本土へと勢力を拡大する方向に踏みだしたのである。

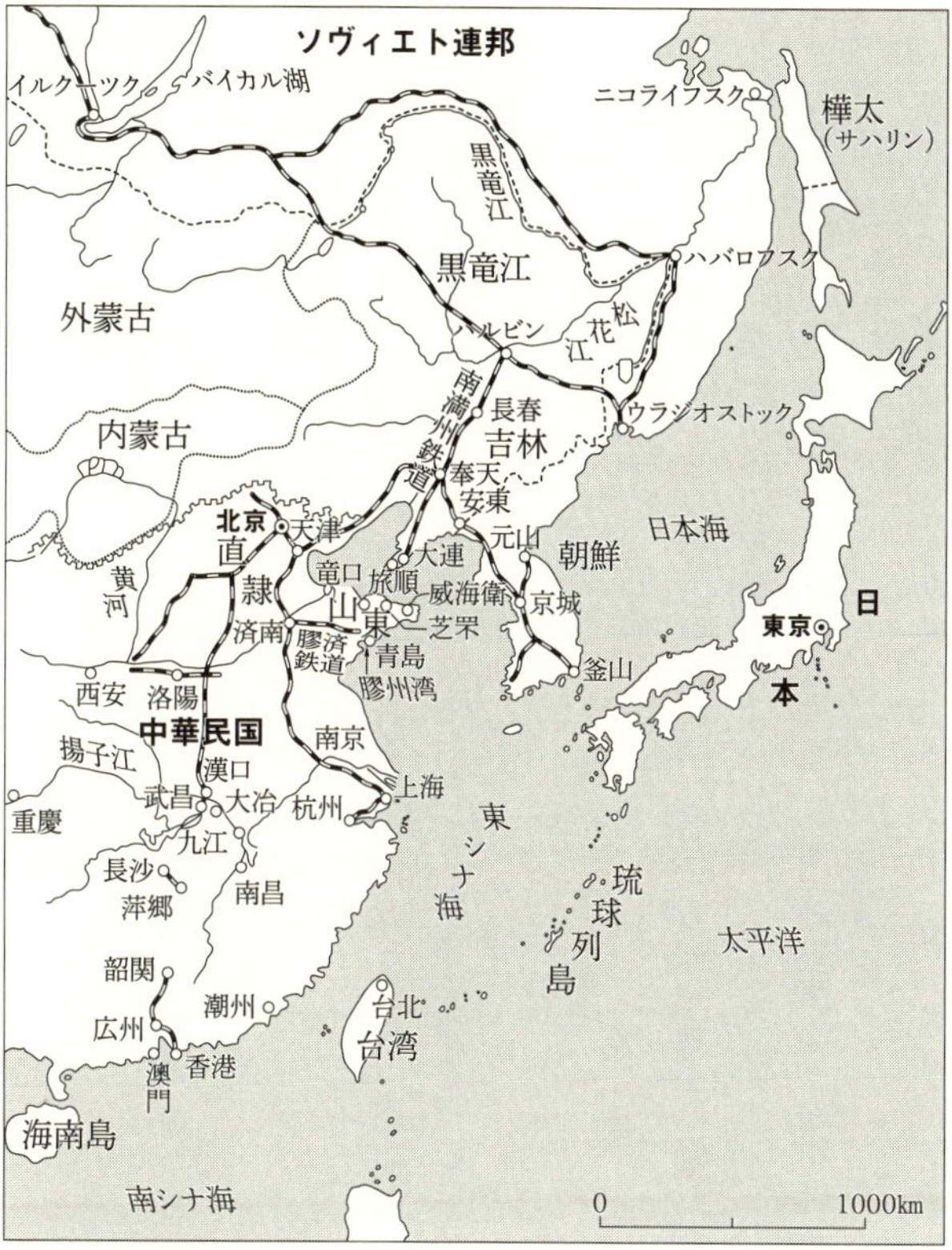
ソヴィエト連邦
イルクーツク
バイカル湖
ニコライフスク
樺太
(サハリン)
黒竜江
黒竜江
ハバロフスク
外蒙古
ハルビン
松花江
南満州鉄道
長春
吉林
ウラジオストック
内蒙古
奉天
安東
北京
天津
直隷
大連
旅順
元山
朝鮮
日本海
黄河
竜口
山東
威海衛
京城
芝罘
済南
膠済鉄道
青島
膠州湾
釜山
日
東京
本
西安
洛陽
中華民国
南京
揚子江
漢口
上海
武昌
大冶
杭州
重慶
九江
東シナ海
長沙
萍郷
南昌
琉球列島
太平洋
韶関
潮州
台北
広州
台湾
香港
澳門
海南島
南シナ海
0
1000km

大正時代の中国と日本

2　対華二一ヵ条要求問題

欧米列強との利害衝突

さて、大隈内閣は、参戦から約五ヵ月後の、一九一五年（大正四年）一月中旬、中国にたいして全五号二一条からなる、いわゆる対華二一ヵ条要求を提出した。

その主な内容は、つぎのとおりである。

第一号、山東省に関する件（全四条）

第一条、中国はドイツが山東省に関し有する権利利益の処分につき、日独間に成立すべき一切の協定を承認すること。

第三条、芝罘《チーフー》または竜口と膠済《こうさい》鉄道［膠州湾—済南］とを結ぶ鉄道敷設権を日本に許すこと。

第二号、南満州および東部内蒙古に関する件（全七条）

第一条、旅順・大連の租借期限ならびに南満州鉄道および安奉鉄道［安東―奉天］に関する期限をさらに九九年延長すること。

第二条、日本人は南満州および東部内蒙古において、商工業や農業のため必要な土地の賃借権または所有権を取得しうるものとすること。

第四条、南満州および東部内蒙古におけるいくつかの鉱山の採掘権を日本に許すこと。

第三号、漢冶萍公司《かんやひょうコンス》に関する件（全二条）

第一条、漢冶萍公司［揚子江中流の大冶《たいや》鉄山などを経営］を日中合弁とし、日本の同意なくその権利財産を処分しないこと。

第四号、中国沿岸の港湾や島々を他国に譲渡または貸与しないこと（全一条）

第五号、その他の懸案事項に関する件（全七条）

一、中国中央政府に日本人の政治、財政、軍事顧問を招聘《しょうへい》すること。

三、必要な地方警察を日中合同とすること。

四、中国政府所要兵器の相当量を日本から購入するかもしくは日中合弁の兵器廠《しょう》を設立すること。

五、武昌と九江南昌線とを連結する鉄道、南昌―杭州間の鉄道、南昌―潮州間の鉄道の敷設権を日本に認めること。

二一ヵ条要求のうち、第一号から第四号までは、だいたい満蒙などすでに日本の勢力下にある権益の延長・強化、およびドイツ権益の継承にかかわるものであった。だが、第五号の内容はそれらと性格を異にし、いわば中国全土に日本の勢力圏をひろげようとするものだった。そのことは、イギリス、アメリカ、フランスなどの利害と正面からぶつかることを意味した。

当時、イギリスは主に中国中央部に広大な勢力圏をもっており、アメリカは中国全土での通商投資活動を拡大しようとして門戸開放・機会均等を主張していた。またフランスも中国南部からインドシナにかけてを勢力圏や植民地としていた。

したがって加藤外相は、対華要求提出後、その内容をイギリス、アメリカ、フランス、ロシアに内示したが、そのさい第五号は除外して示さなかった。そして中国には、第五号を他国に秘匿するよう求めた。それは、この問題への国際的干渉をおそれてのことであった。しかし、その内容が中国側から漏洩すると、中国国内および国際世論からのはげしい批判をうけ、しばらくして第五号の内容も関係各国に通知した。

強硬な抗議

さて、この要求をめぐって日中間で交渉がおこなわれたが、中国政府（袁世凱政権）は、日本の要求にたいして強い抵抗を示した。そのため大隈内閣は、三月上旬、中国駐留部隊の事実上の増兵を決定し、その軍事的圧力によって要求を受け入れさせようとした。

このような動きのなかで、三月中旬、アメリカ・ウイルソン民主党政権のブライアン国務長官から、日本政府にたいして、対華二一ヵ条要求についての覚書（第一次ブライアン・ノート）が出された。それは、おもに第五号の内容について、日本の要求は中国の政治的独立をそこない、機会均等の原則に反するものだ、との厳しい抗議と警告を示すものであった。第五号は、中国に対する政治的軍事的または経済的支配権の獲得を意味すると判断していたのである。

当時、ヨーロッパの列強諸国は、ヨーロッパ戦線での戦闘が重大な局面にあり、中国問題では積極的な行動ができなかった。それにたいしてアメリカは、このころまだ参戦していなかった。しかも中国の政治的独立の保全と門戸開放・機会均等を提唱し、その点に強い関心をもっていたため、第五号要求にたいして強硬な抗議をおこなったのである。

その後、五月上旬、イギリスからも、アスキス自由党内閣のグレイ外相より、日中交渉第五号に関する覚書が日本に出された。イギリスは、それまで同じ連合国として、日本の

加藤高明

中国における動きを注視しつつも慎重な態度をとってきていた。だがその覚書は、婉曲《えんきょく》な表現をとりながらも、日本からの顧問招聘や武器供給の問題を例に、第五号をイギリスとして本格的に批判したものであった。日本の要求は、おもに揚子江流域を中心として中国中央部に展開するイギリスの既得権益と衝突し、中国の独立と領土保全をそこなうと考えられていたのである。

山県らと加藤外相との感情的対立

この間、日中両国は、二一ヵ条要求をめぐって交渉を重ねていた。だが中国側はなお抵抗をつづけ、五月六日、ついに大隈内閣は、第五号はいちおう留保し、第一号から第四号までの一四ヵ条に関して、最後通牒《つうちょう》を送った。要求が受け入れられなければ、軍事行動に訴える姿勢を公式に示したのである。

第五号を削ったのは、アメリカからの抗議に加え、イギリスからも特に第五号について抗議をうけたからであり、さらにそれを重視した山県ら元老の意見にもよっていた。

ただ、中国への最後通牒決定のさい、山県ら元老と加藤外相との感情的対立が表面化する。山県ら元老の加藤外相に対する不満が爆発したのである。山県ら元老は、大隈内閣成立まもなくから、加藤の外交手法にたいして不満をもっていた。加藤は、もと外務官僚として、外交運営の外務大臣・外務省への一元化をめざしており、山県ら元老の介入をできるだけおさえようとしていた。たとえば、これまで慣例となっていた外交文書の元老への回送をとりやめ、重要な外交案件について事前に元老の意見をもとめることもしなかった。これらへの憤懣《ふんまん》が、対中交渉が難航しついに最後通牒決定に至った時点で噴出したのである。元老も出席した閣議での最後通牒決定のさい、山県らの不満が爆発し、彼らと加藤との関係が決定的に悪化することとなった。

第五号をめぐる山県の反応

ところで、山県が、この中国に最後通牒を送る段階で、要求内容に第五号をふくめることに反対したことはよく知られている。たとえば山県は最後通牒問題の直後（五月一四日）、側近の高橋義雄《たかはしよしお》につぎのように語っている。

いま「満州問題」を片づけるのに兵力を要する場合があるとすれば、我々はただちに同意する。なぜなら、満州は日本人にとって「唯一の発展地」で、「国家命脈」につながるものであるから、日本国民が同地に定着して、「安んじて其《その》業務を営むの保証」を得なければならない。それがもし外交的談判で片づかないのであれば、我々はやむをえず「兵力に訴うる」の外はないのである。

このような「国家の死活問題」に兵力を用いるのはやむをえない。だが、今回の第五号のような、中国にたいして顧問を傭えとか、兵器を買えとかいうような「些細」な事柄にたいして兵力を動かそうとするのは妥当でない。「正義を以て世界に立って居る日本の面目」を自《みず》ら汚《か》すようなものである。それゆえ我々は極力その談判［第五号要求］を中止せしめなければならぬと覚悟したのである、と（「山公日支論」、大正四年）。

つまり、対華二一ヵ条要求について、満蒙問題についてはともかく、第五号のようなことで出兵、開戦することは不可である、というのである。

また、その四日後、山県は原政友会総裁と会談したさいにも、つぎのように同様の趣旨を述べている。

中国への要求において、「満蒙に関する条件」のみを提示すれば、多少は「列国の利害」に関係しても、列国はそれぐらいのことは日本の「適当の処置」と思うだろう。だが、第五号については、イギリスはこれを知って日本に「注意」を促してきた。このように日本への「列国の異議」は、だいたい第五号に対するものである。しかも、中国との

「談判」が困難におちいると、政府は「出兵」の意向を示した。当時自分［山県］は、「満蒙問題」についてならばともかく、第五号のために「出兵開戦」するようなことは「不可」である、と政府に伝えた、と（『原敬日記』、大正四年五月）。

ここでは山県自身、第五号そのものにも問題があると考えていたかのような口ぶりである。だが、加藤外相から日置益《ひおきえき》駐華公使にあてた大正四年一月一〇日付の電信や、加藤の秘書官であった松本忠雄《まつもとただお》の記録（松本『近世日本外交史研究』）によれば、山県も要求提出時には第五号の内容そのものについては同意していた。

側近の入江貫一《いりえかんいち》への山県自身の談話でも、要求提出直前の一九一四年（大正三年）一二月三〇日に加藤が山県邸椿山荘を訪れ、自ら要求内容を朗読。そのさいにも山県は第五号について何ら異議を唱えていない（『大正初期山県有朋談話筆記・続』）。

また、枢密顧問官の三浦梧楼《みうらごろう》（長州出身）も、対華二一ヵ条要求内容が廟議で決定されたころの一月中旬、山県を訪ねたさいのことを、つぎのように記している。「公［山県］は『昨日岡［陸相］より［対華要求内容決定の］詳細の報告を得たり。廟議は予が意見の如く決定せり』とて頗《すこぶ》る得意の色あり」（山本四郎編『三浦梧楼関係文書』）、と。第五号もふくめて、当初の対華要求内容に自分の意見との相違はなかった、と山県が述べたというのである。

なお、先の原との会談でも、山県自身、「第五項は親善なれば要求せずとも出来うべき箇条のみなり」と、第五号の内容そのものについては異論のない意向をもらしている。

ただ、興味深いことに、入江への談話で山県は、加藤外相と会談したさい、つぎのような意見を伝えた旨を語っている。対華要求のなかには、「外交上重要なる事件はまず日本に相談せよ」とか、「財政上のことは第一に日本に依頼せよ」とかの個条もあるようだ。だが、このような「属国扱いの個条」は中国側が受け入れるはずがない。政府はこのようなことまで要求するのか、と。山県は、そのような個条に疑義を呈しておいたとの趣旨を語っているのである（この山県の発言を重視する見解もある）。

しかし、事実、山県が加藤にこのような意見を述べたとすれば、加藤は驚いたことだろう。というのは、「外交上重要なる事件はまず日本に相談せよ」との見解は、先にみたように、山県自身が内閣への自らの意見書において主張していたことだからである。「財政上の援助」を与えて日本に依存させる趣旨も、また同様に山県の意見書にふくまれていた。そのような自らの意見書の内容を、当時の健康状態からして山県自身が失念していたとは思えない。山県の入江への談話は、事態が一段落した後に語ったものであり、そこでの山県の発言の資料評価には注意を要すると思われる。

最後通牒決定時点における山県の第五号への反対は、列強諸国からの強い抗議をうけ、それを重視しての対応であった。そもそも山県は日中関係を強固なものにすべきことを主張していた。だが、その関係は対等なものとしてではなく、中国にたいして、政治的なものも経済的なものも外交上重要なことは事前にすべて日本に相談させるようにすべきだとの考えをもっていたのである。

山県について、この最後通牒時の対応から、また事態が終息したのちの山県自身の発言から、第五号に当初から反対であったとの理解があるが、それは正確でないといえよう。

「大陸に乗り出す」必要

ちなみに、第五号についてもっとも強硬な意見をもっていたのは田中義一《たなかぎいち》（要求提出時、参謀本部付陸軍少将。同年一〇月、参謀次長）を中心とする陸軍中堅幕僚層であった。ここでいう陸軍中堅幕僚層とは、田中義一（山口）、宇垣一成《うがきかずしげ》（岡山）らの長州系陸軍主流派中堅と、薩摩・上原勇作《うえはらゆうさく》系の宇都宮太郎《うつのみやたろう》（佐賀）、福田雅太郎《ふくだまさたろう》（長崎）らである。彼らはのちに対立し、田中派と上原派に分裂するが、この時期はほぼ同様の路線ですすんでいた。これら陸軍中堅幕僚層は、二一ヵ条が作成される以前から、満蒙権益の強化ばかりでなく、中国全体の軍事・外交に対する一定の監督権の獲得や中国本土における特殊権益の拡大を強く求めていた。そして要求提出後も第五号の実現を積極的に推進しようとしていたのである。

なお、山県は、この時期の中国に対する自らの基本的スタンスを、つぎのように述べている。

日本は「狭小なる島国」である。「人口の増殖」につれて、どうしてもこの島のなかだけでは生存することができぬから、「是非《ぜひ》なく満州その他に発展するより外ない」。中国は日本が満州に踏み込むのを好まないかもしれないが、しかしロシアが満州に乗り込んだ時、仮に日本がこれと戦って駆逐しなかったなら、北京といえどもいまごろは中国の領土に止まってはいなかっただろう。そうだとすれば、日本が自国のため、自国民発展のため「大陸に乗り出す」ということは、結局アジア人自身による「自衛」のためにも、日中両国の「共存共栄」のためにも必要なことではないか。日中が互いに仲よくして、中国もこころよく日本の立場を認めてはどうかということを袁世凱に納得させたならば、袁といえども、理解できないことはないだろう、と(「山公日支論」、大正四年)。

つまり、日本は小さな島国であるがゆえに、人口過剰によって大陸に発展する必要がある。そのことは中国にとってもロシアの支配にくらべれば相対的に有利なことである。したがって、アジア自衛の観点からも、また日本と中国の共存共栄のためにも、日中間で協力していく必要がある、というのである。また、ここで日中協力を主張するのは、山県自身いうように、中国での「日本の利益線を進むる」(「日露協約談」、大正五年七月)ためであった。

反日運動の起点

さて、最後通牒をうけた中国は、一九一五年(大正四年)五月九日、ついに日本の軍事的威圧に屈し、その要求(第五号を除く、第一号から第四号まで)を受諾した。その後それにもとづいて、日中間で、山東省に関する条約、南満州および東部内蒙古に関する条約が結ばれ、漢冶萍公司などに関する交換公文がかわされる。なお、膠州湾のドイツ租借地については、日本の専管居留地を設置し商港として開放することなどを条件に、中国への返還が約束された。

しかし、これらは中国民衆の民族意識を刺激し、要求を受諾した五月九日は「国辱記念日」とされ、全国的な日貨排斥運動(日本製商品の不買運動)を引き起こした。これが、以後の中国での反日運動の重要な起点となる。

またアメリカも、自国の権利と門戸開放の原則を害する取り決めは認めないとの、いわゆる不承認宣言(第二次ブライアン・ノート)を発した。

3　大隈内閣の改造と排袁政策批判

陸軍増師問題

一方、日本国内では、一九一四年（大正三年）一二月、内閣が提出した陸軍二個師団増設案（陸軍増師案）が、政友会など野党の反対によって衆議院で否決された。それにたいして大隈内閣は、少数与党状態を打開すべく議会を解散。総選挙に打って出た。陸軍増師は、山県ら陸軍の要求にもとづくものであった。

陸軍増師問題は、一九一〇年（明治四三年）の韓国併合後に、陸軍が朝鮮常駐の二個師団を増設する計画をたてたのにはじまる。その実現をめぐって、一九一二年（大正元年）、陸軍が提出した増師案を西園寺公望首相がうけいれなかったために上原勇作陸相が辞任。そのことから第二次西園寺内閣の総辞職に至り、結局増師は実現しなかった。その後も山県や陸軍はその実現を懸案としていたのである。山県は、おもに中国辛亥革命（一九一一年）やロシア陸軍の極東への増強に鑑《かんが》み、満州の租借地や鉄道の保護強化のため陸軍増師が必要だと考えていた。

翌年（一九一五年）三月下旬の総選挙では、政友会が大敗し、同志会ら政府与党が議会多数派となった。政友会の当選者は一〇八議席で、解散時の一八四議席から七六名の減少で、結党以来はじめて議会多数派の地位を失う。他方、同志会は一五三議席で、解散時九五議席から五八名増。政府与党全体では、大隈伯後援会などをあわせて二一〇議席あまりとなった（この時の議員総数は三八一）。

だが、その後、陸軍増師案をめぐる大浦兼武《おおうらかねたけ》内相の議員買収問題が表面化し、大隈内閣は強い批判にさらされることとなる。大浦内相は、山県の腹心の一人で同志会において加藤につぐ位置にあり、閣内でも増師実現のため主導的な役割をはたした。だが、増師案を成立させるべく政友会議員の買収をはかったことが発覚して刑事告発に発展。議会でも選挙干渉を弾劾されるなど激しい批判をうけていた。

しかし、一九一五年（大正四年）六月、大隈内閣のもと、海軍の拡張計画とともに、政友会や国民党の反対を押し切って、二個師団増師が議会で承認された。

だが、七月末、大浦内相がついに辞職し、それに連動して、大隈内閣の全閣僚が辞表を提出した。それにたいして、山県ら元老は大隈内閣の継続を望み、大隈は閣僚を大幅にいれかえて留任した。そのさい総辞職を強く主張した加藤外相は、若槻礼次郎蔵相（同志会)、八代六郎《やしろろくろう》海相とともに退任する。しかし、同志会自体は、党内での議論のすえ、新たな閣僚をおくりこみ政府与党にとどまった。

山県は、大隈内閣によって、当初意図していた政友会勢力の打破と陸軍増師の決定などを実現させた。だが、すでに内閣に、日露同盟を推進すべきとの意見書(後述)を提出しており、なお大隈を留任させ、その実現をはかろうとしていた。大浦に代わって新たに内相についた山県系の一木喜徳郎《いちききとくろう》などを通じて、内閣を動かそうと考えていたのである。

袁世凱排除の謀略工作

これよりさき、二一ヵ条問題が一段落つくと、辛亥革命後に中華民国大総統の地位についていた袁世凱が帝政復活の方針をうちだした。それにたいして、一九一五年(大正四年)一〇月、大隈内閣は袁の帝政実施阻止方針を決定し、中国政府に帝政実施の延期を勧告した。しかし、袁はその政策をおしすすめ、中国各地で反対勢力が蜂起し、袁はやむなく帝政実施を延期するが、中国はついに内乱状態におちいっていく。

そのようななかで、翌一九一六年(大正五年)三月、大隈内閣は、いわゆる排袁政策の閣議決定をおこなった。対華二一ヵ条要求に抵抗した袁世凱を政権中枢から排除し、中国に新たな親日政権を樹立することを内容としていた。その決定の前後、陸軍参謀本部の田中義一次長、外務省の小池張造《こいけちょうぞう》政務局長、海軍省の秋山真之《あきやまさねゆき》軍務局長らが中心となって、各種の謀略工作がおこなわれた。中国南方の革命派への援助や、清朝の復活をめざす宗社党、パプチャプ（モンゴルの独立運動家）の蒙古騎軍、満州の軍閥張作霖《ちょうさくりん》などへの工作（いわゆる第二次満蒙独立運動）などである。閣内では主に尾崎行雄法相（中正会）らがこれを支援し、加藤前外相も小池政務局長に積極的な方向でアドバイスを与えていた。

「利益線を確保する」こと

山県は、排袁政策には批判的だった。山県の考えは、袁世凱を排除するより、むしろ袁を支援することによって、中国でさらに、日本が新たな「利益線」（勢力圏）を手にいれようとするものであった。

山県はいう。

自分は、袁世凱と手を握り、日本がすべからく「領有すべき利益線」を手にいれることを望む。中国が「共和」となろうが「帝政」となろうが問題ではない。ともかく袁世凱が倒れるまでは袁と手を握って、日本の利益線を「占得する」ことに努めなければならない。袁が倒れて第二の主権者が現れれば、またその主権者とともに事を謀り、「日本の利益線を確保する」ことが肝要だ。他国の内政に干渉して、感情的に袁を倒すべしなどということは、決して得策ではない、と（「山公対支策」、大正五年）。

したがって内閣の排袁政策や、中国本土で新たな権益を獲得しようとする謀略的な工作が、中国の混乱をいっそう激化させ列強の中国分割をまねくことを警戒していた。ちなみに、田中ら陸軍中堅幕僚層や小池外務省政務局長、秋山海軍省軍務局長などは、中国国内のさまざまな諸勢力への工作をとおして、中国本土での新たな利権獲得をめざしていた。そして、それによって中国の列強による分割がはじまってもやむをえず、その場合には日本も分割競争にくわわるだけだとのスタンスをとっていた。したがって一般に、田中らとくらべて山県のほうが、列強諸国への考慮から中国への影響力強化の方策について、相対的に、より用心ぶかい姿勢をとっていたのである。

その後、袁世凱は、国内の混乱のなかで帝政実施をとりけしたが、六月上旬に急死する。後任の大総統には、非北洋軍閥系の黎元洪《れいげんこう》（前副総統）が就任した。

4　日露同盟と山県の世界戦略

日英同盟では不十分

一方、加藤外相の辞任後、山県を中心に、寺内正毅《てらうちまさたけ》朝鮮総督、田中義一参謀次長らによって、日露同盟の方向が急速に進展していた。

しばらく前、対華要求提出約一ヵ月後の一九一五年（大正四年）二月、山県は、日露同盟に関する意見書を大隈内閣に提出した。

そこで山県はつぎのように主張している。

日本は、まだ「独力をもって支那の大陸を保全する」だけの力はない。中国の保全と発達を期し、日本の国運興隆の基礎を強固にするには、「支那をして我に信頼せしむる」とともに、「欧州の或《あ》る強国と同盟」しなければならない。それによって、今後中国における列国間の競争において、日本が「甚《はなはだ》しき不利の形勢」に立ち至らないよう計らねばならない。また「黄人に対する白人連合の気勢」を未然に予防するための策を講ずることが必要である。

現在の「日英同盟」は、もとよりこの目的のためのものであるが、今回の「欧州戦乱」は列国の勢力に大きな変化をもたらす可能性がある。それゆえ「永く東亜の平和を保持」するには、日英同盟のみでは十分とはいえない。したがって、日英同盟に加えて、さらに「日露の同盟」を締結し、先の目的を達成することが今日の急務である、と（「日露同盟論」、大正四年二月）。

すなわち、日本は独力で中国大陸をコントロールする力はなく、ヨーロッパのいずれかの強国と同盟する必要がある。それによって中国をめぐる列国の抗争において日本がはなはだしく不利な情勢におちいらないよう図らねばならない。それには日英同盟のみでは不十分で、ロシアとの同盟が急務だ、というのである。

山県は、イギリスの対日感情はすでに頼むに足りないものになっているとみていた。そして、アメリカの東アジア政策は日本の権益の展開と抵触し、決定的な対立は慎重に避けなければならないが、このまま事態が進行すれば互いに衝突するおそれがある。そう以前から考えていたのである。

この点について、たとえば山県はつぎのように述べている。

改訂された「日英同盟」（第三次）は、その第四条において「日米戦争の場合に英国の協力を除外」した。そのことは自分らも以前から「予期」していたが、「世界の形勢」は数年来急激な変動状態にある。したがって、何時《いつ》いかなる変事が起きるかもしれない。しかも近年「米国の太平洋政策は往々《おうおう》帝国の利権と相牴牾《ていご》するものあり」。このままの勢いで進んでいけば、早晩互いに「衝突」することが避けられないおそれがある、と（「対露警戒論」、明治四四年）。

外交政策の中心軸としての日露同盟

アメリカは、日露戦争中（一九〇四～〇五年）まで一般的に日本にたいして友好的であった。だが、終戦直後、日本との関係にきしみが生じることとなった。まず、アメリカの有力な鉄道経営者ハリマンの南満州鉄道買収計画が日本から拒否された。さらに重要なのは、日本の勢力圏となった南満州における市場の閉鎖性が問題となり、アメリカの綿製品が日本製のものに駆逐されるなどの事態が顕在化してきたことである。日露戦争において、アメリカが資金を提供するなど事実上日本を支援した一つの有力な要因は、ロシアの満州市場独占をはばむためだった。しかし、今度は日本によって南満州でのアメリカの通商・投資活動が制約されることとなったのである。その後、一九〇九年（明治四二年）、米国務長官ノックスの満州諸鉄道中立化案が日露両国の拒絶によって挫折した。また、さらにカリフォルニア州における日本人移民排斥問題などが加わり、日米関係は緊張をはらんだ状態におちいっていたのである。

また、日英同盟は、よく知られているように、一九〇二年（明治三五年）の第一次日英同盟締結以来、日本の外交政策の基軸とされてきた。そして、この時期においても加藤外相は、それを基本にした外交政策をとろうとしていた。しかし、日露戦後、日米対立が進行してくると、イギリスは、対米関係重視の方針から、一九一一年（明治四四年）、第三次日英同盟条約において、実質的にアメリカにたいしては当該同盟関係は効力をもたないむねの条項を加えた。そのことによって、日英同盟は、日本にとって事実上空洞化されたものとなったのである。

それにたいして日露関係は、三次にわたる日露協約によって、提携関係が進行していた。一九〇七年（明治四〇年）、第一次日露協約が締結された。それ自体は、日露戦争の戦後処理のためのものだった。朝鮮および外蒙古に対する日露それぞれの特殊な地位を相互に承認するとともに、両国の満州における勢力圏の境界線をさだめることを主要な内容としていた。しかし、一九一〇年（明治四三年）の第二次日露協約では、南北満州の日露それぞれの特殊権益を相互に尊重しあうばかりでなく、その権益擁護のために必要な場合には援助し協同行動をとることが約束された。これは、米国務長官ノックスの満州諸鉄道中立化案や、米英仏独による対中四国借款団の結成など、アメリカの中国での攻勢に対抗して締結されたものであった。その後、第三次日英同盟がアメリカにたいして効力をもたなくなったことや、四国借款団の活動などに対応して、一九一二年（明治四五年）、第三次日露協約が結ばれた。そこにおいて、日露の勢力範囲を南北満州ばかりでなく東西内蒙古に拡大することが合意されていた。

すなわち、日本は、満州問題などでアメリカとの軋轢が進行し、日英同盟が空洞化するとともに、日露提携の方向を強化してきていたのである。

ちなみに山県は、日露戦後まもなく、南満州権益の保全および対列強政策の観点から、つぎのように、ロシアとの接近を主張していた。

「露国と互いに意見を交換」し、日露「両国商議協定」のうえで満州の経営をおこなっていくことが、今日の形勢においては「最も緊要」なことである。日露両国が互いに「胸襟を披《ひら》き」、それぞれ満州の経営の進展を図るべきである。「露国と相提携する」ことは、ただ日本の「満州経営」を進展させるためのみならず、さらに「欧州の列強をして団結して東洋に迫らしめざる」ための有効な方策である、と(「対清政策所見」、明治四〇年)。

この時点での日露提携の対象は満州に限られていたが、その後大隈内閣に提出した前述の意見書では、その日露同盟の対象は中国全土に拡大していた。

このような山県の主張する日露同盟の方向は、この時期、山県のみならず、田中義一を中心とする陸軍中堅層などによっても主張されていた。

彼らの多くにとって日露同盟は、実質的に日英同盟にかわり、外交政策の中心軸となるべきものと位置づけられていた。

第四次日露協約の秘密協定

しかし、加藤外相は、従来の日英同盟重視の観点から、山県の日露同盟論には批判的であった。だが、加藤外相辞職ののち日露間の交渉が本格化し、一九一六年(大正五年)七月、第四次日露協約が締結された。

第四次日露協約は、第三次までの延長線上に位置し、それまでの協定を拡大、強化するものであった。公表された内容は、従来の協約内容を確認するに止まるものだった。すなわち、日露両国がたがいに他の一国に対抗する協定や同盟に加わらないこと、また極東におけるそれぞれの領土権や特殊権益を擁護するため協力すること、を定めていた。

だが、じつはそれには秘密条項がついていた。そこでは、中国が日露いずれかに敵意をもつ第三国の政治的支配下におちいることを防ぐため、相互に協力し、かつ開戦の場合には軍事援助しあうことを規定していた。

この秘密協定は、それまでの日露協約が適用範囲を満蒙に限定していたのにたいして、それを中国全土に拡大し、かつ新たに軍事同盟の性格を付加するものであった。公式には協約のかたちをとりながら、実質的には山県らの意図した日露同盟の性格をもつものだったといえよう。このころ山県は、「今般[第四次]日露協約の成立したるは、自分が年来の宿志を達したるにて欣喜《きんき》に堪《た》えず」との言葉を残している(「日露協約談」、大正五年七月)。

また、のちに山県は、このころの意図をつぎのように述べている。

「近年北米合衆国漸《ようや》くその帝国主義の鋒鋩《ほうぼう》を露《あら》わし、言《げん》を支那の門戸開放に托《たく》して自ら利権の扶植を図らんとするあり。……我と露国と相倚《よ》りて北米合衆国の勢力扶植に当たらんとし……協商を重ぬ」（「国防方針改訂意見書」、大正七年）

すなわち、アメリカの東アジアでの攻勢にたいして、ロシアとの提携によって対抗しようとした、と。

山県は、日露の提携を強化することによって、東アジアにおいて米英などに拮抗しながら、中国本土への勢力圏拡大の企図を実現させようとしていた。東アジアに最大の軍事力を展開している日露協同のプレッシャーによって、米英との決定的な対立はさけながらも、そのことが可能だとみなしていたのである。

むしろ山県は、日露の提携関係が強固になればなるほど、イギリスはアジアでの地位の低下をおそれて日本との実質的な同盟関係を維持せざるをえなくなるだろう、とも考えていた。

山県は言う。今日、日露が「同盟」し、イギリスがもし日英同盟から脱したなら、「英国の東洋における地位」ははたしてどうなるだろうか。したがって、イギリスとしては決して「日英同盟を抛《なげう》つ」ことはできない。そのことは、今回の「日露協商」〔第四次日露協約〕が結ばれたことによって明瞭になってきた、と（「日露協約談」、大正五年七月）。

こうみていた山県は、加藤外相の抵抗によって日露間の交渉が遅れていなければ、対華二一ヵ条要求に関するイギリスの対日態度も、もう少し違ったものになったと考えていたのではないだろうか。それが第五号撤回決定のさいの加藤外相への激しい怒りとなって現れたと思われる。

この時期の山県について、一貫して対米英協調の姿勢であったとの理解があるが、そのような見方はかならずしも正確でないといえよう。

東アジアの新たな勢力均衡

さて、このような山県の日露同盟の構想は、対象を中国に限定してはいるが、米英など欧米列強との関係設定をふくみ、一種の世界戦略ともいいうるものであった。そして、東アジアにおいて日露の提携によって米英に対抗していこうとする山県の戦略は、安全保障の問題ともかかわっていた。

山県は、第一次世界大戦を契機に、それまで満蒙に限定されていた日本の影響力を、中国本土へと拡大しようとした。そのことは中国でのアメリカ、イギリスなどの利害と衝突し、当然両国との軋轢を生じることとなる。それに対処するために山県はロシアとの同盟を実現しようとした。日露の提携によって、いわば東アジアにおいて新たな勢力均衡を作りだそうとしたのである。

山県は国際社会を基本的には力の支配する世界とみていた。いいかえれば、パワー・ポリティクス（権力政治）が貫徹する世界ととらえていた。それが山県の基本的な世界秩序認識であった。

「各国家の完全なる独立は、一に強大なる兵備によりて、これを保たざるべから［ず］……国際条約のごときは、往々にして権力の前には一片白紙上の空文にすぎざる」（「国防方針改訂意見書」、大正七年）

そのような国際環境のなかで、欧米列強の利害が錯綜する中国本土での影響力の拡大をはかろうとすれば、欧米諸国ことに米英との緊張をもたらすことになる。だが山県にとって、中国における「利益線」の拡大は国策上必須の要請であった。しかし、当時の日本には一国で米英に対抗する力はなかった。したがって、あくまでも中国本土での権益の拡大を図ろうとすれば、少なくとも東アジアで日本と結んで米英と対抗しうる強国と提携する必要があった。中国大陸への発展が国策である以上、それは日本の安全保障の観点からしても必須のことであった。その提携相手国が、満州をめぐる対米関係の緊張、日英同盟の空洞化以来、日露協約によって関係を強化してきたロシアだったのである。

山県は、日露同盟によって、東アジアにおいて米英などに拮抗しながら、中国本土への勢力圏拡大の企図を実現させようとした。東アジアに最大の軍事的プレゼンスをもつ日露協同のプレッシャーによって、そのことが可能だと判断していた。中国本土における日本の勢力圏拡大を許容するかたちでの新たな勢力均衡を、東アジアにおける日露・米英間で作りだそうとしたのである。それが実現し、日露の提携関係が強固になればなるほど、むしろイギリスは、アジアでの地位の低下をおそれて日本との同盟を実質的に維持せざるをえなくなるだろう、とも山県は考えていた。東アジアにおける日露の圧倒的な軍事的プレゼンスのもとでは、中国に最大の勢力圏をもつイギリスとしては、日本との関係をより重視せざるをえなくなるとみていたからである。

米英からの自主独立

中国本土での日本の勢力圏拡大を視野に入れた、山県の世界戦略レベルでの安全保障構想はこのようなものであったといえよう。それは国際社会をパワー・ポリティクスの貫徹する世界とみなし、日露同盟によって東アジアに新たな勢力均衡を作りだそうとするものであった。それによって、中国大陸での勢力圏拡大志向をふくめたかたちでの日本の安全保障をはかろうとしたのである。それは、植民地や大陸での新たな勢力圏をふくめた帝国日本としての安全保障構想だったといえる。

「小国」に甘んじず、東アジアでの新たな勢力均衡によって、中国での勢力圏を拡大し、国家としての「大成」をとげて、欧米列強に比肩しうる「自主独立の実力」をつける。これが山県の長期的な構想であった（「時局意見」、大正七年）。

したがって、この時点での山県の世界戦略は、パワー・ポリティクスの観点から、東アジアでの新たな勢力均衡の創出によって、米英からの「自主独立」を求めたものであった。それはまた、従来とは異なるレベルでの新たな安全保障構想でもあったといえよう。

なお、山県は、彼の中国保全論も日本の安全保障にかかわるとの趣旨の主張をしている。すなわち、アジアで独立した国家といえるものは日本と中国のみである。どちらかが国として滅亡すれば、他の一国に欧米の力が集中し独立を維持できなくなる。したがって日本からの積極的な支援によって中国の保全を図らなければならない、との意見を表明していた。つまり中国の保全は、日本の安全保障にも関わるというのである。それゆえ、中国政府に援助を与え、日本の影響下に置くことによって、中国を独立の国家として保全していく必要があると主張していた。

この点については、のちに原が興味深い言及をしているので、その紹介とともにあらためて検討したい。

寺内内閣の成立

さて、このように対中権益の拡大、政友会勢力の打破、陸軍増師の決定、日露提携の強化など、山県らが期待した役割をはたしおえた大隈内閣は、まもなく総辞職する。貴族院の山県系勢力らの動きを背景に、山県によって引導をわたされ、大隈が退陣に追い込まれたのである。

大隈辞職後、一九一六年（大正五年）一〇月、元老会議は山県のリードで後継首班として、寺内正毅朝鮮総督を推薦し、寺内内閣が成立する。寺内は、山県直系の長州出身陸軍軍人で、明治末に陸相を務めた後、朝鮮総督となっていた。寺内首相は、閣僚に政党員を起用せず、後藤新平《ごとうしんぺい》を内相に田健治郎《でんけんじろう》を逓相とするなど純然たる藩閥官僚系で組閣した。

同じころ、同志会は中正会など小政党と合同して憲政会を結成し（議席数一九七名）、加藤高明が総裁となった。

寺内内閣は、日中関係の混乱を収拾し、列強の対日不信感を緩和するため、ひとまず大隈内閣の外交政策を批判して、中国内政不干渉、列国協調の方針をうちだした。大隈内閣の対外政策に批判的であった原ら政友会は、そのような寺内内閣にたいして好意的姿勢を示し、いわゆる是々非々のスタンスをとった。だが、憲政会は、旧同志会初期に脱党した後藤新平と仲小路廉《なかしようじれん》が、それぞれ内相および農商務相として内閣の中枢に座ったことなどから、寺内内閣に反発。内閣不信任案を議会に提出した。だが、寺内は即座に議会を解散し、総選挙の結果、憲政会は一二一議席で絶対多数を失い、政友会が第一党に返り咲いた。ただし政友会の議席数一六五名で過半数には達しなかった。だが政府系の維新会が四三議席をしめ、政友会と合計すれば過半数を制しうることとなった。

寺内正毅

政友会は、寺内内閣にたいして、公式には「厳正中立」「是々非々」としながらも、協力的な態度をとり、党首の原は、新たに設置された臨時外交調査会にも加わった。臨時外交調査会は、外交上の国策の統一をはかるために寺内内閣によって宮中に設《もう》けられたもので、寺内正毅首相、本野《もとの》一郎《いちろう》外相、後藤新平内相、加藤友三郎《かとうともさぶろう》海相、大島健一《おおしまけんいち》陸相と、伊東巳代治《いとうみよじ》（旧伊藤博文系）、平田東助《ひらたとうすけ》（山県系）、牧野伸顕《まきののぶあき》（薩摩）の各枢密顧問官、そして政党党首の原敬、犬養毅（国民党）を構成員とするものであった。憲政会の加藤高明も参加をもとめられたが拒絶した。

援段政策の決定

このころ中国では、非北洋軍閥系の黎元洪の大総統就任とともに、いったん南北両派の妥協が成立し混乱が沈静化していた。だが、北京政府国務総理として実質的に政権を担当していた段祺瑞《だんきずい》は、一九一七年（大正六年）三月、アメリカの対独断交につづいて同じく対独断交に踏み切った。そして、それを契機に南北妥協は崩壊する。対独断交は連合国からの参戦要請にもとづくものであったが、段政府（北方派）は参戦を契機に政権基盤を強化して南方勢力討伐をはかろうとした。これに南方の革命派が反発し、ふたたび南北対立の状況となったのである。そして、アメリカは四月、中国は八月に参戦した。それにたいして孫文ら南方派は九月に広東軍政府を樹立し、南北両政府が公然と対立する状態となった。

ちなみに段祺瑞は、北洋軍閥安徽《あんき》派の総帥で陸軍総長も兼ね、北京政府の実権を掌握していた。だが、北洋軍閥のなかでも、段の安徽派と、馮《ひょう》国璋《こくしょう》、呉《ご》佩孚《はいふ》らの直隷派が対立していた。また南方派は孫文の国民党をはじめ、陸栄廷《りくえいてい》の広西派軍閥、唐継尭《とうけいぎょう》の雲南派軍閥などからなり、その他の地方にも、山西の閻錫山《えんしゃくざん》、満州の張作霖など軍閥が割拠していた。しかも、参戦をめぐって北方派内部で政争がおこり、混乱のすえ黎元洪が大総統の地位を追われ、馮国璋が大総統代理に就くが、実権は依然として段祺瑞にあった。

そのような状態のなかで、財政逼迫《ひっぱく》に苦しむ段は日本に融資を求めた。寺内内閣は、この機会に中国政府への影響力を確保しようとして、七月、段への援助（いわゆる援段政策）を決定。借款供与および武器援助を開始した。山県も、中国での日本の権益を拡大する観点から、段への援助には賛同していた。

5　ロシア革命の衝撃と援段政策

帝政ロシアの崩壊

このようななか、一九一七年（大正六年）三月に帝政ロシア政府が倒れ、同一一月、ソヴ

1917年11月、ペトログラードの冬宮を攻撃する革命軍

ィエト政権が成立することによって事態は急変する。ソヴィエト政府は、翌年三月ドイツと単独講和をむすび連合国側から離脱するが、国内は内戦状態におちいる。このロシア革命は、日本の政権中枢に衝撃を与えた（その衝撃の深刻さは当時の寺内首相や本野外相の関係記録にも表れているが、ここでは立ち入らない）。日本はそれまで日露協約を軸に中国をめぐる外交戦略を展開してきたのであるが、その提携相手である帝政ロシアが崩壊したからである。このことは日本が事実上の国際的孤立化におちいることを意味した。そしてソヴィエト政府は秘密外交廃止の方針のもとに、日露協約を破棄しその秘密協定部分を公表した。その内容は、いうまでもなくアメリカはじめ東アジアに利害関心をもつ国々にとって、日本の中国進出にたいする警戒感を決定的にするものであった。

寺内内閣は、このような事態にたいして、まず援段政策をさらに推し進めることによって親日的な北方主導で中国を統一させ、日本の中国全土にたいする影響力を確保しようとした。中国全土を、鉄や綿などの原料補給地として、また国内の工業製品などの輸出市場として、日本のコントロール下に置こうとしていたのである。これらのことはいうまでもなく将来米英との決定的対立をひきおこす可能性をはらんでいた。

「全く水泡に帰し」

山県もまたロシア革命によって衝撃をうけた。山県は、かねてから日露の提携によって、米英に拮抗しながら大陸での勢力圏の拡大をおしすすめていこうとしていた。だが、その構想がロシア革命によって一挙に打ち砕かれたのである。そのことは、アメリカ、イギリス、ドイツをはじめ列強間での外交的孤立を意味した。山県自身もロシアが対独戦線において、武器・弾薬が不足し苦境にたっていることは承知していた。したがって第四次日露協約締結後、さまざまな武器援助を積極的におこなわせていた。だが、帝政ロシアそのものが崩壊するとはまったく予想していなかったのである。

山県はこの時期に書かれた意見書においてつぎのように述べている。

近年アメリカは、徐々にその「帝国主義の鋒鋩」を露わにし、「言を支那の門戸開放に托して自ら利権の扶植を図らん」としている。これにたいして、日本とロシアは、協力してアメリカの「勢力扶植」に対抗しようとし、日本は数回にわたってロシアと協商を結んだ。しかし、思いがけず「露国の瓦解」が起こった。それによって、これまでの方策は「全く水泡に帰し」た、と(「国防方針改訂意見書」、大正七年)。

すなわち、日本は、アメリカの東アジアでの攻勢にたいして、これまでロシアとの提携によって対抗しようとしてきた。しかしそのような方策はロシア帝国の崩壊によって水の泡となった、というのである。

この段階で、日露の提携によって、米英と対抗しながら中国での影響力を拡大していくという、山県の世界戦略は実質的に崩壊したといえよう。そのことはまた、彼の安全保障構想の崩壊をも意味した。

強国にしたいという執念

だが山県は、この段階でも彼が追求しようとした中国での勢力拡大を断念したわけではなかった。

山県は同じ意見書でこうつづけている。

大戦終結後のアジアは、日露同盟の消滅によって、「独米の東西よりする侵襲《しんしゅう》」に遇《あ》うか、もしくは「英米の南北よりする圧迫」を蒙《こうむ》るか、いずれかを免れることはできない。

このような「危機」に対処する方策は、「日支親善互いにその力を戮《あわ》せてこの強大圧力に当たる」のみである。この「日支親善」の実を挙げようとするなら、日本自らが「支那を擁護指導」しなければならない。したがって、日本は「強大なる兵力」を擁し、必要に応じて中国を「応援救助」する必要がある。そのためには、日本の「国防」はただ「帝国の領土を守備する」だけではなく、さらに進んで「支那全土を防衛するもの」でなければならない、と。

すなわち、大戦後のアジアは、ロシアという対抗力を失って米英独など欧米列強の圧迫をストレートにうけることになる。日本がそのような状況に対処していくには、中国を擁護指導する必要があり、それには中国全土を防衛することも日本が引き受けなければならない、というのである。

このように山県は国際的孤立化のなかで、中国との提携によってそれを日本の完全な勢力圏にくみいれ、列強間に伍していこうとしたのである。それには中国統一が必要であり、そのための政治的干渉はもちろん、中国への武力介入や中国政府の更迭を強制することも辞さず、との意見まで山県は表明していた。それがロシア革命後の本格的な援段政策の背景にある有力な一つの考え方であった。

山県は言う。日本の取るべき政策は、「支那と提携」することである。そのことは、ロシア革命による独露間講和によって、ドイツの影響力が東アジアに浸透してくることに対処するためでもある。それには、まず北京政府と協議し、協力関係を強化しなければならない。また南方派に向かっても「和衷協同の策」を進め、世界の大勢からして国中で争うことの非を説得しなければならない。また、必要があれば、「大《おお》いに干渉して」、中国国内の不安定な状況を解決する必要がある。もし彼らが抵抗するようなら、「兵力をもって鎮定する」ほかはない。日本はつねに「亜細亜《アジア》人をして誘導向上」させる地位を保つべきである。したがって中国にたいしては「赤心と温情と敬愛」を示すとともに、つねに「威信を維持」して対処しなければならない。もし日本との「約諾」に反する動きがあれば、「支那政府をして交迭せしむる」だけの力はつねに保持していなければならない、と(「対支意見書」、大正七年)。

このような対中国構想は、欧米諸国のなかに有力な提携相手国をもたないものであり、日本一国では中国を保全しえない、とのかつての山県自身の認識とも矛盾していた。したがって、大戦終結後、欧米諸国の利害関心が東アジアに回帰してくれば、とうてい許容されないものであり、実際上は、日本一国でそれに対抗することは困難だった。この段階での山県の構想は、山県自身の考え方にてらしても、長期的な安全保障構想としては、実質的に破綻していたといえよう。この段階で山県を動かしていたものは、中国大陸を日本の勢力下に置き、日本を列強と覇を争いうる強国にしたいとの執念だったのではないだろうか。

国家予算の二割におよぶ財政援助

さて、寺内内閣は、援段政策に加えて、さらに、軍事専門家の交換、兵器・軍需品の相互供給などを定めた日中軍事協定を、段政権と締結しようとした。この日中軍事協定は、段支配下の北方軍援助をとおして事実上それを日本の影響下に置こうとするものであった。この協定の締結は山県の望むところでもあった。

後述するように、臨時外交調査会に加わっていた原は、援段政策や日中軍事協定には批判的で、少なくとも中国での南方派と北方派の妥協（南北妥協）後にすべきとの意見だった。内閣の方針はともに北方援助となり国際的な非難をうけるというのが理由であった。だが、一九一八年（大正七年）五月、日中軍事協定が締結される。

また寺内内閣はその後も援段政策を継続し、ことに西原借款《にしはらしゃっかん》とよばれる北方政府への事実上の財政援助は、合計一億四五〇〇万円、兵器借款をあわせると一億七七〇〇万円（当時の国家予算の約二割）の膨大な額にのぼった。それらは確実な担保はなに一つなく、その後の経過のなかでほとんど返済不能となり、結局回収されなかった。

また段の武力統一政策も、南方勢力の頑強な抵抗をうけ容易に進捗《しんちょく》しなかった。そのようななか、一九一八年（大正七年）八月には、政府の南方討伐軍の主力部隊を指揮する直隷派の呉佩孚が、武力統一方針を非難する意志を表明。段はついにその政策を中止せざるをえないこととなった。

そして一〇月、段は北京政府国務総理を辞職。その後、いわゆる安直戦争（一九二〇年七月。安徽派と直隷派との軍事衝突）での敗北によって急激にその勢力を失っていく。このことは親日派最大の有力者が中国政界で事実上失脚したことを意味した。山県の対中国政策もまた崩壊したのである。

シベリア出兵問題

一方、このようなロシア革命後の中国をめぐる動きとならんで、同じころ、シベリア出兵問題がもちあがる。

一九一七年（大正六年）一二月、外交調査会において、内閣側から、シベリアもしくはウラジオストックへの出兵の提起がなされた。フランス、イギリスから、ウラジオストックへの共同出兵の打診があったのをうけてのことであった。ロシア革命後の独ソ停戦によって事実上対ドイツ東部戦線が消滅したため、英仏は、新たな東部戦線の形成を望んでいたのである。

後述するように、この提案は、原らの反対で見送られた。

ところが、翌年七月、アメリカから、主としてシベリアにおけるチェコスロバキア将兵を救援するためにウラジオストックへの共同出兵の提案がなされた。

独露単独講和ののち、ロシア側から東部戦線に加わっていたチェコスロバキア軍（連合国側）は、シベリア経由で脱出しようとしてウラジオストックに集結しはじめていた。アメリカの提案は、その救出のために、日米同数の兵力をウラジオストックにかぎって派遣しようというものであった。だが、寺内内閣はこれを機会に、ウラジオストックのみならずシベリアのその他の地域へも、日本の影響力を確保しようと企てた。しかもアメリカの兵力を上まわる規模で出兵することを計画していた。

田中義一参謀次長の意見によれば、防衛上の観点から満州に隣接する東部シベリアに親日的な政権を樹立するとともに、その天然資源を獲得しようとするものであった（「シベリアに関する意見」）。田中は、シベリア出兵の主唱者の一人だった。

原の日記によれば、このような出兵の動きに山県も関係していた。「出兵論は陸軍側より出たるものにて、陸軍がただ陸軍本位にて大局を解せず、……田中義一等は山県を動かし、山県より寺内を圧迫せんと企て居《お》るものの如《ごと》し」（『原敬日記』、大正七年四月）、とある。

田中ら陸軍から働きかけをうけ、山県が寺内に圧力をかけているのではないかと原はみていた。

山県は当初は出兵論であったが、その後、三月四月段階では時期尚早論をとなえ、七月ごろにはふたたび積極的に出兵を考えていた。ただし三月四月段階でも近い将来の出兵は必要だとみており、時期の問題はともかく、田中とほぼ同様の観点から出兵の機会をうかがう姿勢は一貫していた。

山県は言う。単にロシアの「過激派政府」がドイツと単独講和をなし、ドイツの勢力がロシアに及ぶことを恐れ、いまただちにロシアに出兵するのは「早計」である。「軍需品の補給および軍資の調達」は、遺憾だが「英米の援助」に頼らざるをえない。しかし国際的な情勢を察するに、早晩ロシアへの「出兵」は必要となるだろう。したがって、結局「帝国独自の力をもって独露両国の勢力に抗するの決心」がなくてはならない。日本は新興の小国であり、面積は狭く富も少ない。にもかかわらず人口は多く、国民を養うのに十分でない。その状態から脱却し「大成」することを忘れてはならない。「風雲機《き》あり一たび去て《さり》復来《また》らず。」日本の主張に「権威」あらしめ、その「貫徹」を実現しうるのは、ただ「自主独立の実力」のみである、と（「時局意見」、大正七年三月）。

山県は、出兵によって対独露全面戦争となった場合、軍費の調達などには米英の後援を必要とし、それゆえ両国との了解のうえで出兵することが望ましいと判断していた。しかし、それが困難な場合でも、好機があれば、国家としての「大成」のため、たとえ独力であれ対独露戦を覚悟して出兵すべきだと主張していたのである。

そして山県は、国際社会で日本が自己の主張を貫徹しうるだけの国際的地位を確保するには、必ず「自主独立の実力」を必要とすると考えていた。

6　寺内内閣総辞職と政党内閣の容認

国際的孤立

その後、シベリアへの全面出兵を企図する寺内らと、アメリカからの提議に沿うかたちでウラジオストックへの限定出兵に止めようとする原らの主張が対立する。

結局、限定出兵のかたちで出兵がはじまることとなり、一九一八年（大正七年）八月四日、日米によるウラジオストックへの共同出兵宣言がなされた。そして八月中旬、日米両軍があいついで同地に上陸する（日本軍一万二〇〇〇、アメリカ軍七〇〇〇）。

だが、このころ、寺内の健康状態が悪化。しかもシベリア出兵を契機に各地に米騒動が起こり、治安維持のため軍隊が出動するなど、以後一ヵ月にわたって日本国内は混乱状態におちいる。またシベリアでも、八月下旬に日本軍はアメリカとの合意なしで、ウラジオストックをこえてバイカル以東のシベリアに展開していく。そして、その後も、東部シベリアでの日本軍は参謀本部主導でつぎつぎに増強された。結局シベリア出兵関係の総派遣兵力は、日中軍事協定にもとづいて北部満州へ派遣された一万二〇〇〇人をふくめ、七万二〇〇〇人に達した。

このことは当然ソヴィエト・ロシアとの関係を決定的に敵対的なものにしただけでなく、アメリカからの強い抗議をまねき、日米関係をさらに悪化させることになる。

このように、対独参戦、対華二一ヵ条要求、日露協約の消滅、援段政策、シベリア全面出兵などによって、ドイツ、中国、アメリカ、イギリス、ソヴィエト・ロシアなどとの関係が悪化。日本は、実質的にほとんど国際的孤立状態におちいっていく。そうしたなかで、九月、寺内首相の病気を理由に内閣は総辞職する。

原敬内閣誕生へ

寺内内閣総辞職後、後継首班の実質的な決定権は山県がにぎっていた。首相奏薦をおこなう元老のなかで最大の発言力をもっていたからである。このころ井上馨、大山巌はすでに亡く、元老は、山県有朋、松方正義、そして公家出身の西園寺公望の三名であった。

山県は、当時、藩閥官僚勢力の頂点に立つものとして、いうまでもなく政党内閣には否定的で、藩閥主導の挙国一致内閣を志向していた。この時期山県は、藩閥勢力の否定につながる政党内閣を認めるつもりはなかったが、藩閥官僚のみによる純然たる超然内閣ではもはや国政の運営は困難だと考えていた。明治憲法では、法律の制定や新規予算の決定には議会の議決を必要とすると定められていた。それを根拠に、法令の多様化や予算規模の拡大とともに、衆議院およびそこを基盤とする政党の地位が上昇し、発言力が徐々に増してきていたからである。また、民意の政治への反映をもとめる運動や世論の動向なども政党の政治的発言力の背景となっていた。しかも世界大戦下、厳しい国際情勢のなかで統一的な国策決定が要求されていた。そのようななかで国政の運営を安定的におこなっていくには、ある程度政党勢力の協力が必要であり、藩閥主導ではあるが政党員も一部入閣させた挙国一致内閣が望ましいと考えていたのである。

このように考えていた山県は、寺内が健康上の問題を理由に辞意をもらすたびに慰留していた。というのは寺内にかわる首相候補を自己の陣営から見出せなかったからである。山県系藩閥官僚のなかで寺内につづいて首相候補たりうる人物としては、平田東助、大浦兼武、清浦奎吾《きようらけいご》、田健治郎らが考えられた。だが、平田は老齢と健康上の問題から固辞しており、大浦は大隈内閣時に議員買収問題で政治的生命を断たれていた。清浦はかつて山本内閣辞職のさい大命をうけたが組閣に失敗しており、田はその経歴から時期尚早とみられていた。

しかし米騒動後、健康の悪化などで寺内の辞意は決定的となり、山県はついにそれに同意せざるをえなくなった。そこで山県は、やむなく西園寺の提言によって原を次期首班に奏薦することに決した。こうして最初の本格的な政党内閣である原敬政友会内閣が誕生する。

山県の外交戦略の崩壊

だが、山県が原の奏薦に同意したのは、このように彼からみて適当な人材を見出せないためだけではなかった。その背景に山県の外交戦略、安全保障構想の崩壊があった。

山県は、これまで詳しくみてきたように、かねてから、冷却化した日英同盟にかわって、ロシアとの提携を推し進めようとしてきていた。それによってアメリカ、イギリスなどに拮抗しながら大陸での勢力圏の拡大をはかろうと企図していた。だが、その戦略がロシア革命によって一挙にくずれたのである。

そのことは、対華二一ヵ条要求問題、第四次日露協約秘密条項の露見などの経過からして、列強間での事実上の外交的孤立を意味した。このような国際的孤立のなかで山県は、中国への影響力の拡大を一気に推し進め、それを日本の完全な勢力圏にくみいれることによって、列強間に伍していこうとした。そのためには中国への武力介入や中国政府の更迭を強制することもやむをえないと主張していた。そして実際にそのような方向で寺内内閣下での援段政策が展開された。しかしそれも、段政権の武力統一政策がゆきづまり蹉跌《さてつ》する。

こうして山県の外交戦略、いいかえればロシアとの提携を前提とした、「自主独立」の力による安全保障構想は崩壊し、完全に手づまりの状態になったのである。このことはいわばこれまでの山県系藩閥勢力が主導する国策の基本方向が国際的な有効性を失ったことを意味した。

したがってこの時点で、これまでの外交政策の基本ラインとはことなる新しい方向が必要となっていた。そこで、後述するように、かねてから対米英協調を主張し、日露提携や山県らの大陸政策に危惧を表明していた原に、好むと好まざるとにかかわらず、ひとまず国政をゆだねるほかはなくなったのである。しかも原の率いる政友会は衆議院で多数を占め、安定的国政運営には有利な条件を備えていた。これらが、前述の人材上の事情に加え、山県が原の首班奏薦に同意した重要な一つの理由だったと推測される。ちなみに、憲政会の加藤高明は、列国の非難をあびた対華二一ヵ条要求の責任者であったこと、寺内内閣との敵対的関係や山県との個人的な確執からして対象外だった。

山県が原首班に同意した理由として、自己の陣営に適当な人材がみあたらなかったことや米騒動のインパクトなどがしばしばあげられている。だが、それらとならんでこの外交戦略の崩壊が重要な要因であったと思われる。このことはあまり指摘されていないが見落としてはならない点であろう。

原との水面下での抗争

このように山県の外交戦略はロシア革命を契機に崩壊した。その後山県は独自の外交構想を再構築しえず、原内閣成立後は、基本的に、後述するような原の構想を受け入れていた。ただ、これまでの外交構想がくずれ、外交について全般的な見通しを失ったことからくる不安感からか、列強諸国と関わる問題については極度に慎重になっていた。この時期の山県は、アメリカ、イギリスなどの動きを警戒しながら、その意向にたいしてきわめて敏感な反応を示している。たとえば、協調政策によって米英に日本が抑え込まれるのではないか、また逆に、外交上の不手際によって国際的に孤立化するのではないかなどと、たえず懸念していた。しかし、だからといって山県自身が独自の一貫した方針をもっているわけではなかった。

だが、国内政治においては、なお山県は元老最有力者として首相任命権をにぎっていた。また、それればかりでなく、宮中や枢密院を中心に、貴族院、軍部、官僚機構などにも相当な勢力を保っており、かつそれを維持しようとしていた。したがってこれ以後も山県は、国内政治の問題については、議会をベースに政党の政治的影響力の拡大を追求する原とのあいだで、水面下での抗争をつづけていく。

第二章
第一次世界大戦期　原敬の構想
——国際協調の安全保障

原敬

1　原の外交戦略

政友会総裁として

では、元老山県有朋《やまがたありとも》ら藩閥官僚勢力と対抗した、政友会総裁原敬《はらたかし》の構想はどのようなものだったのだろうか。その内容を山県の構想と対比しながらみていこう。

原敬（一八五六～一九二一年、安政三～大正一〇年）は、戊辰戦争において維新政府に抵抗した東北盛岡藩（旧南部藩）の出身で、新聞記者をへて外務官僚となった。退官後、政友会の結党に参画し、衆議院に議席をえて三度にわたって内務大臣に就任する。また西園寺公望政友会総裁のもとで党務の中枢を担い、西園寺にもっとも近い位置にあった。

大隈内閣成立約二ヵ月後の一九一四年（大正三年）六月、西園寺のあとをついで、原が第三代立憲政友会総裁となった。この時政友会は衆議院で二〇六議席を有し、過半数を制していたが、大隈内閣にたいして野党の立場にあった。

政友会党首として原は、衆議院を基礎とする政党内閣の実現をめざしていた。だが、元老山県は藩閥官僚勢力の統率者として、いうまでもなくそのような方向には否定的だった。政党内閣は、藩閥官僚勢力の権力的地位の喪失につながるからであった。このように国内の政治体制の問題について、原と山県は対立的なスタンスをとっていた。

「米国の悪感情を招きたる失策」

さて、原の政友会総裁就任の翌月（一九一四年七月）、第一次世界大戦がはじまった。ドイツ・ロシア間の開戦を知った原は、この戦争はフランス・イギリスにも波及し、ナポレオン戦争以来の「大戦争」になるだろうと判断していた。まもなく大隈内閣は参戦の意志を固めるが、原は、参戦には慎重な姿勢だった。それは後述するようにアメリカとの関係への考慮からだった。

翌八月、大隈内閣はドイツにたいして宣戦布告し、日独開戦となった。日本軍はただちに山東半島に出兵、一一月にはドイツの租借地域膠州湾の中心都市・青島を占領する。

それにたいして原は、この戦争にさいして、日本はさしあたり中立の立場をとるのが望ましいと考えており、ことにアメリカとの関係の悪化を危惧していた。

日本の参戦は、ドイツの恨みをかっただけでなく、さらには「米国の悪感情を招きたる失策」であると原はみていた。

青島への攻撃

アメリカは、東アジア地域の安定を重視する観点から日本の参戦を必ずしも望んでおらず、東アジア全域での現状の維持、太平洋地域の中立化を、関係列国に提議した。だが、日本政府（大隈内閣）は、それに何ら回答しないままで膠州湾のドイツ軍を攻撃したのである。このことが原の念頭に置かれていたと思われる。

原はもともとアメリカのこれからの国際社会での位置を重くみており、今後の対外政策ことに対中国問題において、対米関係をもっとも重視していた。したがって、「いかなる方法をもってするも、米国との感情を和らげ、これに提携するの方針を取らざるべからず」（『原敬日記』、大正三年九月）と考えていた。

原はいう。「支那問題の解決」は単に中国のみを見るべきではない。中国は「米国を頼みとする」傾向が強く、「日米間の親交」が保たれていれば、中国との問題はおのずから解決できる。可能であれば「米国との同盟」の実現が望ましいが、日米関係の現状ではきわめて困難といわざるをえない。また、「一朝米国と事ある」に際しては、英露仏など欧州諸国は「恃《たの》む」に足りない。したがって、「米国の感情は多少の犠牲を払うも、これを緩和するの方針を取らざるべからず」、と(『原敬日記』、大正三年九月)。

つまり、アメリカは、その国際社会での一般的なポテンシャルからのみならず、その中国にたいする影響力からして、将来の日本にとって重要な位置をしめている。日本が強い利害関心をもつ中国との関係においても、さまざまな問題を処理するにあたって、アメリカとの関係の安定化、緊密化がもっとも重要なことがらである。アメリカといったん紛争が生じた場合には、日英同盟はもはや頼むに足りないものとなっており、ロシアやフランスも同様である。だが、日米関係は現在ではかならずしも良好なものとはいえない。したがって、あらゆる方法で現在困難な状況にあるアメリカとの関係を良好なものにしていき、できれば緊密な提携関係をうちたてなければならない。そう原は考えていたのである。

ちなみに、同様の見方は、このころから一貫しており、のちの時期にも原はつぎのように述べている。

「将来米国は世界の牛耳《ぎゅうじ》を取らんとするに至るべく、支那問題のごとき米国との関係に注目して処理すること肝要なり」（『原敬日記』、大正六年五月）

「殊に注意すべきは日米の関係なるべし。日米間の親密なると否とはほとんど我が国将来の運命に関すと言うも不可なし」（『原敬日記』、大正七年六月）

すなわち、アメリカは将来国際社会において大きな影響力をもつようになるだろう。したがって、日米関係の推移は、将来の日本の「運命」に関わるといえる。また、対中国問題も米中関係を念頭に処理する必要がある、というのである。

日米提携こそ安全保障

原にとって、日米関係は日本の「将来の運命」に関わる、との深刻な認識だった。したがって原は、「多少の犠牲」を払ってでも、アメリカとの「提携」の方向に進むべきだと考えており、対中国問題への対処のためにも日米関係を重視していた。

原は、日英同盟が対アメリカとの関係においては、すでに実質的に空洞化していると考えていた。山県らの推進する日露同盟の方向も、その将来にわたっての有効性は疑問だとみていた。今回の「世界の大戦争」によって独露英仏など「各国の均衡」は破れ、「東洋」はその「波動」の影響を受けざるをえない、と判断していたからである。

したがって、これからの国際社会において強い影響力をもつアメリカとの友好関係を保つことがもっとも重要であり、そのためには今後多少の対米譲歩もやむをえないと考えていた。そしてイギリスとの関係も、英米間の緊密な関係からして、結局は対米関係にかかっているとみていた。

世界戦略として、山県は、東アジアでのアメリカのプレゼンスに対抗するために日露同盟を重視していた。これにたいして原は、むしろアメリカとの提携、日米提携を追求しようとしていたのである。

原にとって日米関係は日本の将来の運命に関わることであり、したがって、日米提携の原則は、将来の安全保障の問題をにらんでのことでもあった。その意味では、原の日米提携論は、彼の安全保障構想そのものだったともいえよう。したがって山県の日露同盟論と原の日米提携論の対立は安全保障構想での対立でもあった。

すなわち原はこうみていたのである。アメリカと一朝事ある場合は、イギリス、フランス、ロシアなど欧州諸国は頼むに足りない。したがって、安全保障の観点からも、アメリカとの関係を改善し、日米提携をはかる必要がある。アメリカとの友好的な関係を保っていれば、イギリスの動向は両国の密接な関係からして特に心配する必要はない。日米提携が実現すれば、ドイツ、フランス、ロシアといえども、これに対抗しうる力はない。したがって、アメリカと事をかまえず、これと提携すれば、安全保障上も安定した態勢になる、と。

このような原の対米関係重視の観点は、たとえば、一九〇八年（明治四一年）九月から翌年二月にかけての欧米視察におけるつぎのような認識を一つの背景としていた。

アメリカは「真に活動の国」であり、将来この国が「世界に対し如何《いか》なるものとなるか」はつねに注意しておく必要がある。ヨーロッパのパリでも、アメリカの影響による著《いちじる》しい変化が感じられる。アメリカ人はパリを好み、毎年何万人も訪れ「その財を散じ」ているが、それによって「彼らの風習にも同化した」のではないかと思われる。アメリカが「政事経済」のみならず「風俗」にまで、このような影響を与えているのは「真に驚くべき」ことだ。アメリカは現在経済不況にあるといわれるが、全国が活発に活動している。「将来恐るべき」はこの国である（『原敬日記』、明治四一年一〇月～明治四二年二月）。

このように原はアメリカを、その活動力、経済力において将来「恐るべき」存在になるとみていた。したがって、世界のなかで、また日本が関係をもつ国々のなかでも、ことに注意をはらう必要があると考えていた。

山県もまたアメリカの存在を重視しており、その点では原と同様であった。ただ、山県はアメリカの東アジアでの攻勢に対抗するためロシアと同盟を結ぼうとしたのにたいして、原はむしろアメリカとの提携が望ましいと判断していたのである。

さて、このように原および政友会は、大隈内閣の外交に批判的だったが、一九一四年（大正三年）一二月、大隈内閣は少数与党状態を打開すべく議会を解散した。

そして、その直後（翌年一月）に、対華二一ヵ条要求が出される。

2 対華二一ヵ条要求と原敬

「帝国外交の根軸」

原は、大隈内閣の対華二一ヵ条要求の内容には当初から強い批判をもっていた。また、このような時期に列強の利害が錯綜している地域で、軍事力をつかった威圧的なやり方、強引な外交のすすめ方はもってのほかだと考えていた。したがってアメリカからの対華要求に関する対日覚書（三月一六日）についても、その政治的影響を重視していた。

原は、総選挙投票日の一週間ほど前に出された、政友会立候補者などへの通牒において、この間の外交経過について総括的にふれ、つぎのように述べている。

「対独宣戦前後」における政府外交の不手際は、日本をとりまく「将来の国際関係」に影響し、平和回復後における日本の国際的発展を阻害しかねない状況にある。また、現在政府は中国にたいして「ある重要なる交渉」を開始しつつあるが、未だその解決をみていないようである。対中国政策は「帝国外交の根軸」である。したがって、その政策をひとたび誤れば、その影響は計り知れないものがある。いたずらに「軽挙妄動」し、政策の出発点を誤れば、長期にわたって日本の威信を「失墜」することとなる。しかも「欧州戦局」が終息すれば、おそらく「国際政局」は「急変」していくと予想される。

しかるに、内閣は、このような国際的な事態に対処するに何の考慮もなく、ただ国内の「目前の人気」を求めて姿勢が定まらない。もちろん内政も軽視さるべきではない。しかし、外交はひとたび誤りを犯せば「国家を危殆《きたい》の地に陥《おとし》いれる」ことになり重大な結果を招く、と（「総裁よりの通牒」、大正四年）。

原はここで、大隈内閣の対独開戦外交の問題と、対華要求交渉が中国の強い抵抗をうけて未解決である点を批判している。また、対中国政策が「帝国外交の根軸」であり、日本の外交政策の中心的位置をしめること、さらに、外交政策そのものの国政上の決定的な重要性を指摘する。すなわち、変動する厳しい国際情勢のなかで、外交は一度方策を誤れば国を大きな危機に陥らせかねない。相当の修正が可能な内政への対応とはレベルのことなることがらである。しかも、大戦終結後は、大きな国際的変動が予想され、この間の政府の外交政策によって日本は将来対外的な活動を制約されることになるだろう、というのである。

当時の日本にとっては、対外関係のなかでも中国問題がもっとも枢要な位置にあった。他の列強諸国との関係においても、中国をめぐる対応によって設定される方向が決定的な要因となった。日本にとって中国問題は、いわばそれをつうじて世界戦略へとつながっていく枢要点であった。その意味で、原においても、対中政策が「帝国外交の根軸」として位置づけられているのである。

このように原は、大隈内閣の施政にたいして、それが日本の将来に禍根をのこすもの、将来の国際社会での日本の地位を危うくするものとして、強い危機感をもっていた。それは、単に野党としての立場からする批判に止まるものではなく、独自の国際状況認識からの判断だった。

しかし、三月下旬の総選挙で政友会は大敗し、議会多数派の地位を失う。政友会の当選者は一〇八議席にとどまり、それにたいして同志会は一五三議席で衆議院第一党となった。政府与党全体では、大隈伯後援会などをあわせて二一〇議席あまりで、衆議院過半数を占めた。

国際的孤立を警戒

総選挙後、議会がひらかれると、政友会は、国民党とともに、大隈内閣の対中国政策にたいする弾劾決議案を衆議院に提出した。それが日中両国の親善を傷つけ、列国の疑惑を招き、禍根を将来に残すものだとの趣旨であった。

その提案理由についての本会議での説明演説において、原は、この間の外交の経過とその結果について本格的に論評し、それについての包括的な批判を展開した。そこで内閣の責任を追及するとともに、日本の国際的孤立化の危険性とそのような状況からの脱却の必要性を強く主張した。

原は言う。

対中国問題について、周知のように、政府が中国に向かって「請求」したことは、「二一ヵ条」である。この談判中には中国に「増兵」をおこない、「居留民の引揚」も内命している。この出兵のために、少なくとも中国ならびに他の列国が「威嚇」だと考えたことは事実である。中国とのこの談判を開くに先立ち、政府は友好列国に「通牒」を出したが、その通牒のなかには中国に請求したものの全部がふくまれてはいなかった。列国は、この通牒にふくまれていない部分について「大なる異論」をいだいた。しかも、「今日の欧州大乱」にさいして各国は、「東洋に向かって殆《ほとん》ど手を出すことが出来ない」状況にある。このような情勢のなかで、「日本が野心を逞《たくまし》うして」何か事を起こすのではないかということは、各国ともに当然考えることである。このような時期に談判を開き、しかもその請求の一部が通牒にふくまれていなかったということは、列国の「猜疑《さいぎ》をして一層深からしむるの結果」をもたらすことになるだろう。

また、この事が起こって以来、「支那の上下［が］日本に対して反感」をもつようになり、「日貨排斥」なども起こったことは事実である。「最も親密なるべき支那の同情を失い、列国の猜疑を深からしむれば、取りも直さず日本は将来孤立の位地に立つ」ことになる。現在では「如何なる強国」といえども列国のあいだに「孤立」しては存立しえない。したがって、日本の現状においては、「この状態を脱すること」を考えなければならない、と（「第三十六回帝国議会に於ける演説」、大正四年）。

すなわち、対華二一ヵ条要求をめぐる中国との交渉中に、政府は中国駐留軍を増員し、居留民の引き揚げを内命した。このことは、中国のみならず列国からも軍事的威嚇とうけとめられ、日本にたいする警戒心をひきおこした。しかも、当初、第五号を列国に秘匿し、のちにそれが明るみにでたことは、中国にたいする日本の勢力拡大の野心を本格的に疑われ、関係諸国から抗議をうけることとなった。現在、列国はヨーロッパでの戦争のために、アジアでの行動を制約せざるをえない状況におかれている。いわば動きたくとも動けない、手をこまねいて傍観せざるをえない状態にある。そのような時、日本のこのような一連の行動が各国に疑惑をもたれ、不信感をひきおこすのは当然のことである。また、中国とも、政府間の対立のみならず、日貨排斥運動のような民衆レベルでの反発もひきおこした。中国と敵対し、欧米列国に不信感をもたれ警戒されるようになれば、将来日本は国際的に孤立するおそれがある。したがって日本は今後このような状態を脱却する方向を考えなければならない。そう述べているのである。

原は、この間の大隈内閣の対外政策が、対中国関係を悪化させただけでなく、欧米列強との関係をも危うくさせるものであり、外交的に大きな失敗だととらえていた。第五号が中国本土に権益をもつ列国の利害と抵触し、しかも軍事的威嚇をふくむ強引な外交交渉は、中国との関係を悪化させた。そのことは、各国の警戒心と対日不信をひきおこすとともに日本への反発を醸成している。原はそう認識していた。そして、そのことが日本の国際的孤立化をもたらすことをもっとも警戒していたのである。

事実、対華二一ヵ条要求問題は日本の国際的孤立化の端緒となった。第一次世界大戦への参戦によって、ドイツとは敵対関係となっていた。それに加えて、二一ヵ条要求、ことに第五号問題で、中国との関係はもちろんのこと、アメリカ、イギリス、フランスなど中国本土に権益をもつ国々との関係も悪化させた。唯一ロシアとの提携関係のみが実質的にその時期の日本の国際関係を支えるものとなっていた。当時のロシアは、東アジアにおいては日本とならんで圧倒的な軍事力をもつ存在であり、むしろ山県らはそれとの連係を背景に中国本土への勢力圏の拡大をおしすすめようとしていた。大隈内閣の政策もその強い影響下にあった。だが、このロシア革命によって帝政ロシアが崩壊し、その結果、日本はほとんど実質的な国際的孤立状態におちいるのである。しかもこの時期の大隈内閣の対中国政策による欧米列国の対日不信感は、長く尾をひくことになる。

「今日の情況は痛嘆の外なし」

ところで、大隈内閣の対中国政策に批判的だった原も、対華要求の二一ヵ条全部に反対しているわけではなかった。第五号には当初から強い批判をもっていたが、実際に大隈内閣が結んだ先の条約にはかならずしも異論をとなえていない。二一ヵ条から第五号を除いて一部修正のうえ中国とのあいだに締結した条約の内容そのものには賛成していた。

原はつぎのように述べている。

このたび中国とのあいだで結ばれた「条約」に記されているようなことがらは、もし中国との関係が「親密」な場合であれば、「談笑の間に出来うべきこと」である。たとえば、「満蒙に関する日本の優越権」は、中国政府も列国も、ともに認めていることである。また日独開戦の結果として「山東省に関する事」もまた当然のことである。これらの事柄は、大隈内閣のように「騒動」をおこして「世界を聳動《しょうどう》」させなくとも、「親善の道を努めておったならば出来うる」ことである、と（「第三十六回帝国議会に於ける演説」、大正四年）。

つまり、対華要求の第一号から第四号までは、中国との関係が良好ならば、「談笑の間に」解決できる内容である。満蒙については日本の優越権をおおむね中国や列国も認めており、山東省についても当然のことだとされている。したがって大隈内閣の二一ヵ条に関する対中政策は、第五号を除けば、その外交手法、条約内容実現への方策に問題があったというのである。

原にとって、南満州および東部内蒙古における日本の特殊権益は、当然かつ必要なものだった。また山東省ドイツ権益についても、のちには中国に還付するにしても、対独戦の後では一応日中間の交渉によるべきと考えられていた。

このように、原のみるところ、この間大隈内閣が最後通牒までだして獲得したものの内容は、中国との関係が良好ならば容易に実現できるはずのものだった。だが、この問題をめぐる政府の対応が「支那官民の感情を害し、列国の猜疑を深からしめた」ことは、将来に禍根を残すものとなったと原は憂慮していた。

さて、総選挙後の議会で、陸軍二個師団増設案が可決された。この時、原ら政友会は反対したが、同志会ら与党の賛成多数で衆議院を通過した。

原の増師問題への対応は、かならずしも単純ではなかった。大戦以前において陸軍の提案に同意を与えなかったのは主に財政上の判断からだった。だが、少なくともこの時期の増師に反対した主要な理由は、大戦の軍事的教訓やその後の国際状況の変化を考慮にいれる必要があり、しばらく延期すべきだとするものであった。

その後、大浦内相が、陸軍増師をめぐる議員買収問題や選挙干渉問題で辞職に追い込まれる。大隈内閣は、一旦辞表を提出したが、山県ら元老は大隈を留任させ、大幅な内閣改造をおこなって大隈内閣は継続することとなった。

この山県らの処置に原はもちろん不満であった。その直後の山県との会談において大隈留任にふれ、「いたずらに今日の有様をもって進まば国家はついに起《た》つべからざる悲境に陥るべし」。事態の展開によっては、あるいは将来ついに「満州よりも逐払《おいはら》わるる」こととなるかもしれず、「実に今日の情況は痛嘆の外なし」と述べ、大隈内閣の外交政策の危険性をあらためて強調している（『原敬日記』、大正四年八月）。

ちなみに満州は、一般に、当時の国際情勢のもとで、日本の近代化にとって、したがって日本が近代国家としてたちゆくための、不可欠の地と考えられていた。そこは、国内で不足する鉄鉱石および石炭などの、近代工業の基本的な原料とエネルギー源の最大の供給地であった。また、対外競争力の弱い産業部門である綿業製品などの独占的な輸出市場として必須の地域とみられていた。この時期、綿業部門は、日本における近代的な基軸産業の一つとして重視されていた。そして、その地は日露戦争において、多大な国費と数多くの兵士を犠牲にして確保したところであった。したがって、アメリカ、イギリスなども、この時点ではそこでの日本の優越権を一応認めていた。

中国との関係改善

では原は、中国にたいしてどのように対処すべきと考えていたのであろうか。このころの演説のなかで、つぎのように述べている。

そもそも、一般に日本人は中国を侮《あなど》り、日清戦争以来「支那を軽蔑して一等下った国民」であるかのように思ってきた。しかし、中国は決してそのように軽蔑すべき国ではない。日本が欧米に学んでその知識でロシアに打ち勝ったように、中国も「欧米の文明を輸入し外国より得たる知識を応用して段々経綸《けいりん》を行う」ようになるであろう。したがって、中国を侮るのはまちがいであり、今後は「支那に対する態度を改め」、日中親善をはからなければならない。これからは日本と中国は「相携えて行かねばならぬ」のであり、そのことが東洋の安定につながっていく、と（『政友』、一八六号）。

つまり、中国の近代化への動きを視野にいれながら、中国とのこれまでの関係を一変し、積極的に親善・提携をはかるべきことを主張しているのである。そのことはまた、中国本土への日本の勢力圏拡大を警戒する列強諸国との関係を好転させ、アジアでの国際関係の安定化につながっていくとみていた。もちろんこのことは、これまでの満蒙権益を放棄することを意味するものではなかった。むしろ、中国との協力関係を保つことによって、その安定的な維持も可能になると考えていたのである。

さらに原は、今後の対外政策一般について、日清日露の戦勝や膠州湾の勝利に慢心して、ともすれば容易に他国と事をかまえようとするような傾向を危惧していた。そして、現在の国際社会では一国のみで孤立しては立ち行かないことに注意をうながしている。すなわち、現在の国際社会での列国の関係は、けっして単純なものではなく、さまざまな同盟関係が交錯している。いかなる「強国」でも「単独の力」をもっては何事もできない。国際的な関係を考慮せず他国をあなどるのは危険である。たとえば、中国は、現在アメリカとの関係が良好であり、その力に依ろうとしている。日本もまた「一ヵ国の力をもって世界を敵手にすることは決して出来ない」のである、と。しかも、外交上の問題においては「一度その方針を誤れば国家は救うべからざる窮地」におちいりかねない、として外交政策の重要性を強調するのである。

その観点からすれば、現内閣のもとで日本はいかなる境遇に遭遇しつつあるか。日本の将来は「孤立の地に落ちはせぬか甚《はなは》だ危険」な状態にある。したがって早急に「相当の救済方法を講究」しなければならず、現在の局面を一変して欧米諸国の感情を融和し中国との親善をおしすすめなければならない。そう原はみていた（同右）。

このように原は日本の国際的孤立化を憂慮し、それを脱却するためには、まず中国との関係を改善し、さらに列強諸国との協調関係を回復しなければならないと考えていたのである。そのさい原は、前述のように、ことにアメリカとの関係を重視していた。

露骨な内政干渉への批判

内閣改造後、大隈内閣は、帝政を復活しようとした袁世凱に帝政延期を勧告するとともに、排袁政策の閣議決定をおこなった（一九一六年三月）。そして南方革命派への援助など各方面からの働きかけをはじめた。

このような動きにたいして原は、それらはいうまでもなく露骨な内政干渉であり、中国との関係をますます悪化させるとして批判的だった。また、中国への日本の野心を疑っている列強諸国の不信感をさらに深める結果となり、日本を国際社会のなかで容易ならぬ状況におちいらせるとして危機感をつのらせていた。

原は言う。誰が政権を握ろうとも、それは「支那の内政問題」であり、外国の干渉すべきものでないことは「国際上の原則」である。しかし、大隈内閣は、ややもすればこの「国際上の原則を無視」し、これまでの日中間の密接な関係をも破壊しようとしており、日中両国の関係は、いまや「不自然の状態」となってきている。そのため「排日的空気」は中国全土に広がり、「外交上貿易上多大の支障」をきたしている。このことは、中国の事情に精通している政治家や実業家が等しく公言しているところだ、と(「三大問題に関する意見」、大正五年)。

つまり、大隈内閣の露骨な内政干渉は、中国との関係を悪化させ、排日感情が中国全土に広がっている。それにより、単に外交上のみならず貿易上も大きな支障をきたしている。そういうのである(この貿易上の問題は、後述するように、原においてはこれまでの政府や山県の対中政策とは異なる角度から考えられていた)。

しかも、袁を倒そうとしても、そう簡単に倒れるであろうか。また南方の革命派を援助するとしても、彼らは中国を統一する力をもっているであろうか。さらにそこまで革命派を援助するだけの国力が日本にあるであろうか。たとえ援助しえたとしても、彼らははたして日本に好意的でありつづけるであろうか。また欧米列強との関係においても、現在のやり方で進んでいけば、内政干渉との非難をうけ、国際的に「孤立」することを覚悟せざるをえない。したがって「この窮境に陥らざるの政策を必要とす」。そう原はみていた。

排袁政策に批判的な点では、原も山県も同様であったが、山県は袁世凱と手を握って「日本の利益線」(勢力圏)を拡大するために袁世凱を温存することを考えていた。その点では、中国での勢力圏の拡大に慎重だった原とは異なる観点からのものだった。

3 第四次日露協約と初期援段政策へのスタンス

日露同盟をめぐる山県と原

一方、前章でも述べたように、対華二一ヵ条要求直後の一九一五年(大正四年)二月、山県が日露同盟に関する意見書を内閣に提出したが、加藤外相の抵抗によって、具体的な進展はみられなかった。だが、加藤外相の辞任ののち、日露間の交渉が本格化し、翌年(一九一六年）七月、第四次日露協約が結ばれた。それは表面上は非軍事的な協約のかたちをとっていたが、秘密協定によって、実質的に軍事同盟の性格をもつものとなっていた。また適用範囲を満蒙から中国全土に拡大するものだった。

このような日露提携の強化の方向にたいして、原は当初から慎重な態度をとっていた。第四次協約締結の前年夏、原は山県から直接日露同盟についての意見を聞かされた。その時、山県が大戦終結後のドイツとロシアの同盟締結の危険性を指摘して、それに先手をうつ意味でもロシアとの提携の必要を主張した。それにたいして原は、戦後ドイツとイギリスが接近する可能性もあり、いましばらく列強の動向を見守るべきだとして賛同しなかった。

「山県滞京中につき今朝往訪せしに、……［山県は］この大戦争後はたして独露同盟せざるを保せず。かくては由々しき大事なれば、今において日露同盟をなすにしかず。……と日露同盟の必要を説くにつき、余［原］はこの問題については……今少しく列国の状況を見ることを要す。何となれば独英は戦後両国接近せずとも断言しがたく……なお研究を要す、といって賛否を明言せざりき」（『原敬日記』、大正四年七月）

第四次日露協約が締結されたさいにも、原はすでに秘密条項の内容をつかんでおり、その将来の外交上の効果に疑問をもっていた。むしろ、大戦中のドイツとロシアの単独講和の危険性があり、その場合には日露離間となり協約は無意味化すると判断していた(なお、原の想定していた独露講和は、必ずしも帝政ロシアの崩壊を前提としたものではなく、原とてロシア革命を予見していたわけではなかった)。さらに公表された部分でも、それまでの協約に記されてあった中国の独立・機会均等の尊重に言及していないことは、アメリカの強い反発をまねくのではないかと危惧していた。事実アメリカは、二一ヵ条要求につづくこの新たな協約で日本にたいする警戒感を深め、かくされた協定の存在をつきとめようとしていた。

戦後の「各国の大波」

その後、山県の期待した役割をはたしおえた大隈内閣は、辞職に追い込まれる(一九一六年一〇月)。

原は、この機会に外交政策を転換し、対中国関係の改善と列国との協調をはかる必要があると考えていた。それは日本の国際的孤立化をさけると同時に、後述するように、大戦後の中国をめぐる国際情勢をにらんでのことであった。

原はつぎのように述べている。

これまでの大隈内閣の外交はすべて失敗であり、将来に、はなはだ「懸念に堪えぬ禍《わざわ》い」を残している。日本はつねに「野心」をもって各国に対していると各国に思われている。このような観念を与えたということは「国際上非常な不利益を醸《かも》す」のである。ことに中国問題に至っては「最も甚だしい」ものがある。中国全国を挙げて日本を「排斥」しており、それによって「日本人民の受くる損害」は多大なものがある。

中国は日本に「反抗」し、各国は「猜疑の目」をもって日本を見ている。このような状況では「日本が将来孤立に陥る」おそれがある。ゆえに、いまやこれまでの「外交の方針を一変する」ことが「刻下の必要」である。それによって各国の「猜疑心」を取り去るとともに、「日支親善」に努め、中国と日本とが腹蔵なく「提携」できるよう努力しなければならない。そうでなければ、「将《まさ》に来るべき所の各国の大波」にたいして「後れを取る」おそれがある、と(「大隈内閣更迭に付いて」「積累の秕政・刷新の急務」、大正五年)。

つまり、大隈内閣の外交政策は、二一ヵ条要求にせよ、排袁政策にせよ、ことに対中国問題で日本の将来に大きな禍根をのこすこととなっている。したがって、ここで外交政策を一変する必要がある、というのである。

それらの政策は、中国政府との関係を悪化させたばかりでなく、中国全土において日本商品のボイコット運動など民衆レベルでの排日の動きをひきおこした。しかも欧米列強は、欧州大戦に乗じて勢力拡大にのりだしてきた日本にたいして、深い猜疑心をいだいている。このままでは将来日本は国際的孤立におちいる。したがって、対中国政策を一変し、欧米列強の不信感をぬぐいさり、中国との友好関係の確立に努めなければならない。そうしなければきたるべき戦後の「各国の大波」に対処できない。原はそう主張している。

ここでいう戦後の大波とは、欧米諸国は戦争によって破壊された国力を回復するために外国貿易の発展に努め、その大波が東アジアにも押し寄せてくるだろうというものだった。それに後れをとらないためにも中国との友好関係の確保が必要だというのである。このことは原内閣期の「戦後経営」の問題とつながっていく。

援段政策についての態度

大隈内閣総辞職後、一九一六年（大正五年）一〇月に成立した寺内正毅内閣は、中国内政不干渉、列国協調の方針を打ち出した。原および政友会は、そのような寺内内閣にたいして、公式には「厳正中立」「是々非々」としながらも、協力的な姿勢をとった。また、寺内内閣のもとで設置された臨時外交調査会にも、原は政友会党首として参画した。

だが、寺内内閣は、中国の大戦参戦後の南北両派対立のなかで、北方段祺瑞政権による南方武力討伐方針を支持し、援段政策を開始する。山県も、中国での日本の権益を拡大する観点から、段の援助には賛同していた。

しかし原は、そのような援段政策に賛成ではなかった。原は臨時外交調査会でつぎのように主張している。

段政府支援は「北方を助くる」ことを意味する。段に「金と武器」を援助することは、すなわち「南方を圧抑する」ものである。その関係は重大だ。たんに段内閣と「外交上の交渉を開く」ということなら、きわめて平凡なことであり、別に問題はない。しかし、「金を貸し武器を与うる」というようなことは、慎重に考慮すべきで決して急を要することではない。中国の現況は将来どうなっていくか「全く不定の情況」である。南北が妥協一致するか、あるいは有力者が現れて統一するか、とにかく「帰着点を見たる上」で援助することが「得策」であり、いまはそのような時期ではない。じゅうぶんに中国の現状を観察し事態の推移を見守るべきである、と(『原敬日記』、大正六年七月)。

すなわち、段への援助は、北方を支援するのみならず、現状では南方を抑圧することを意味する。今後の中国の政治的帰趨が不確かな現在、一方に肩入れすることは、将来の中国との関係において禍根を残すことになりかねない。したがってその動向を見さだめてから方針を決定するのが妥当である。また、たとえ段を援助する場合でも、アメリカ、イギリスとの相互了解のもとにおこなわれるべきだ、というのである。

だが一方で原は、次期政権をにらみ寺内との良好な関係をできるだけ維持しようと考えていた。したがって、寺内側からの強い要請をうけ、前述の臨時外交調査会において原は、一定の条件をつけて内閣の援段方針に同意した。その条件は、財政援助については米英と意思の疎通をおこなうこと、兵器については南方にたいして使用しないことであった。このような原の態度は、内容的には必ずしも賛成ではないが、大きな国際的影響のない範囲でなら認めざるをえない、との判断によっていた。このような譲歩は、寺内内閣への政治的影響力の維持や次期政権への考慮にもとづくものであった。

「表面国際的の言い分」

このころ原は、寺内首相と直接面談し、今後の全般的な対中国方針をどのように考えているのか、「支那を保護国にするとか合併するとかいう考なるや」と問うている。それにたいして寺内が、自分の内閣は大隈内閣とは異なる方針をとる旨を答えたのをうけて、つぎのように述べている。

「支那を統一ある国となし文明に導き富国強兵の国となすべし」などということはじつは

「表面国際的の言い分」にすぎない。他国はもちろん世間にも公にすべきことではないが、日本の利害からすれば、中国は文明国にならずとも富国強兵にならずとも「差支《さしつかえ》なき事」である。また実際に富国強兵の国となれば、はたして日本に好感情をもつかどうか、中国人の「気風」としては「覚束《おぼつか》」ない。また中国が富国強兵になるものとしても、「この数十年間に到底《とうてい》成功すべき」とは思われない。したがって中国に対する「国際辞令」としては依然そう表明していくとしても、日本としてはだいたい「見切を立て置く」ことが肝要だ、と（『原敬日記』、大正六年九月）。

つまり、中国を統一し文明化するといっても、それは相当に時間のかかる困難なことであり、日本の利害からいっても、そうなる必要はかならずしもない、というのである。

ここでの原の発言は興味深いものがある。原が、「支那を統一ある国となし文明に導き富国強兵の国となすべし」との見解をとりあげているのは、山県の意見を念頭に置いたものである。

山県は、かねてから、「東洋」において、まがりなりにも「独立の国家」を形成しているのは日本と中国のみである。両国のうち一国が独立を失えば、他の一国も欧米列強の圧力を支えきれなくなり「蹂躙《じゅうりん》」される。したがって、日本は中国を援助し、日本の影響下のもとで独立を維持させなければならない、との考えを表明していた（「対支政策意見書」、

大正三年。『山公遺烈』前篇上、大正一四年)。

中国を支援し、国家としての統一と独立を維持させるのは、いわば日本の安全保障にかかわる問題だというのである。

原の寺内に対する発言は、このような山県の意見を念頭に置き、それは表面的な「国際辞令」にすぎないと指摘しているのである。なぜなら、中国が日本とともに欧米列強に対抗しうるだけの「富国強兵」を実現するには、近々の数十年では不可能だ。したがって、そのような山県の意見は、実際には安全保障の観点からというよりは、中国を日本の影響下に置くための口実にすぎない。そう示唆しているのである。事実、山県は、中国の領土と主権を保全し、「領有すべき利益線を手にいるる事を望む」(「山公対支策」、大正五年)、との発言を残している。

ここでの原の議論には説得力があり、山県の安全保障構想の主眼は、やはり日露同盟にあったと思われる。日露共同の軍事的プレゼンスによって、中国における日本の勢力拡大を許容するような、東アジアでの新たな勢力均衡(対米英)を作り上げる。その新たな勢力均衡が、大陸へのさらなる進出を図ろうとする日本の安全保障ともなりうる。山県はそう考えていたといえよう。日露同盟を背景とした力による新たな勢力均衡の創出以外に日本のさらなる大陸発展を確かなものとする道はない。それが自身の国際秩序認識にもとづく山県の判断だったのではないだろうか。

その後、援段政策は、実際には原の意向にかならずしもそわないかたちで実施されはじめる。当時、中国にたいして英仏露日による四国借款団が形成されており、政治借款はこの国際借款団をとおしておこなわれることになっていた。だが寺内内閣は実業借款の名目で、日本単独で段政府への借款供与を開始した。したがってイギリス、さらにはアメリカとものじゅうぶんな相互了解はなされていなかった。また供与した兵器も南方との戦闘に事実上使用されるようになっていく。

4　ロシア革命後の中国政策とシベリア出兵問題

南北妥協成立のための働きかけ

そのようななか、一九一七年（大正六年）、ロシア革命が起こり帝政ロシアが崩壊。ソヴィエト政権はドイツと単独講和を結び、大戦から離脱する。これに対応して、寺内内閣は援段政策を強化し、大規模な借款供与などを実施した。

原もまた、独露講和によって東アジアをめぐる国際環境が大きく変化し、いまや中国の事態を傍観しているわけにはいかないと考えていた。だが、寺内内閣や山県の方向と異なり、米英なかんずくアメリカとの協調をもっとも重視していた。

したがって、内政干渉との非難を米英から受けかねない北方（段政府）援助ではなく、あくまでも南北妥協を追求し、対中国援助は、妥協後に成立した政府にたいしておこなうべきだとの意見だった。

このように原は、寺内内閣の援段政策には批判的であったが、日本が積極的に南北妥協の促進を働きかけることは必要だと考えていた。そのためには相当強力な工作を要すると判断していた。政府から公式に妥協を勧告すると同時に、金銭上財政上の方策もふくめた、裏側からの内密の働きかけなどあらゆる手段がとられるべきとの見解だった。南北妥協の推進によって、国際的にも認められたかたちで、日中関係の緊密化のため、実質的に中国にたいする日本の影響力を浸透させる糸口を作りうるとみていたのである。南北妥協など混乱を拡大しないかたちでの中国の秩序の安定化は、米英をふくめこのころの連合国側の一致した希望であった。

原は言う。

「南北妥協の事」は日本政府よりこれを「勧告」すべきである。中国側に、もし妥協が成立すれば、それによって組織されたる政府に「十分の援助」を与える趣旨を洩らし、「妥協」を促進することが望ましい。この妥協を成立させるためには単に「道理上の勧告」のみでは成功しない。同時に「種々の手段」を要する。南北両派にとって、対立していることが利益となる「内情」もあるようだ。そのへんについては「金銭上の政策」も必要だろう。要は「あらゆる手段」によって南北妥協を成功させることにある。このままに「放置」しておくのは得策ではない。南北妥協は、「我が勢力を注入すべき端緒」となる絶好の「口実」である。ぜひとも南北妥協成立のため、あらゆる手段を試みなければならない。「表面」からのみならず「裏面」からもじゅうぶんな働きかけをする必要がある、と（『原敬日記』、大正七年三月、四月）。

また、寺内内閣が北方派の段政権と締結しようとした日中軍事協定についても、原は同様に南北妥協後に成立する政府との協定が望ましいとの意見だった。

パワー・ポリティクスとしての日米提携

さて、これまでたびたびふれてきたが、この援段政策への批判にも見られるように、原は一貫してアメリカとの協調を重視していた。

このころ原はつぎのように述べている。

将来アメリカは「世界の牛耳」をとるようになるだろう。したがって今後「日米の関係」にはことに注意を払わなければならない。「日米間の親密なると否と」は、日本の「将来の運命」にかかわる、と（『原敬日記』、大正六年五月、大正七年六月）。

すなわち、アメリカは将来国際社会において強い影響力を保持するようになり、対米関係が将来の日本にとって重大な意味をもつことになるだろうというのである。

したがって原は、「多少の犠牲」を払ってでも、アメリカとの「提携」の方向に進むべきだと、日米提携を主張していた。

ただ、原の対米提携論は、必ずしもアメリカとの価値観の共有や強い信頼感にもとづくというよりは、アメリカの大きな国際的影響力（パワー）を政策判断の根拠とするものだった。その意味では、国際秩序認識としては、山県と同様、基本的にはパワー・ポリティクス的観点からのものだったといえる。すなわち、アメリカの大きな国際的影響力を考慮して、日米提携を主張していたのである。

したがって、日米提携を追求しながら、同時に原は、「米国のなすがままに置くこと、もとより国家のために不利益なり」（『原敬日記』、大正六年一〇月）との発言も残している。

原の追求する日米提携において、日本とアメリカの大きな国力差からして、日米間は非対称的な提携とならざるをえない。アメリカと提携しながら、いかにして原自身が危惧する「米国のなすがまま」となる状況におちいることを回避しうるのか。それにたいし、どのような方策がありうるのか。それが原の日米提携論における一つの課題だった。

原の安全保障構想の課題

ちなみに、ロシア革命以前の山県の日露同盟論は、一種の勢力均衡論の見地に立つもので、それによって米英の行動に一定の制約を課そうとするものであった。したがってそこではまた、米英と対峙するロシアにとっても日本との提携は不可欠で、それがロシア自身にも日本の意向をじゅうぶん配慮せざるをえない状況を作り出すこととなる。山県にとって日露同盟は、アメリカ、イギリスに対する日本の「自主独立」を実現すると同時に、日露間の関係もまた対等なものとして想定されていた。

日露同盟は、パワー・ポリティクスが貫徹する国際社会において、東アジアでの新たな勢力均衡によって、力による日本の「自主独立」実現のための方策だったといえよう。それが同時に山県にとって、国際社会での「自主独立」を前提とした日本の安全保障構想でもあった。だが山県の構想はロシア革命によって崩壊する。

一方、原の日米提携論は、当時の米英連携の現状では、米英以外の国々にも、日本自身にも、アメリカの行動を制約するものが存在しない状況を想定せざるをえないものであった。大国の動きを制御すべき勢力均衡が成立する余地のないものだったのである。

したがって、「米国のなすがまま」となる可能性があり、そのようななかで、どのように日本のナショナル・インタレスト（国民的利害）を守っていくのか。それが原の日米提携論の、また彼の安全保障構想の重要な課題だったといえる。

ただ、アメリカの門戸開放政策は、アメリカの一貫した政策であり、アメリカ国内での政権交代によっても基本的には変化していなかった。中国においても領土保全・機会均等の原則に反しないかぎり、基本的にはアメリカとの軋轢は避けられると原は判断していたと思われる。したがって原の考えている対中国政策を実施していくうえでは、アメリカとのあいだに大きな問題が生じる可能性は低かった。しかも原は日米提携のためには、ある程度の犠牲や譲歩はやむをえないと考えていた。つまり日米提携の外交上、安全保障上の価値は、当面の多少の不利益には代えがたいと判断していたといえよう。

だが、そのような想定を超える範囲で、アメリカが「なすがまま」に行動する可能性がないとはいえなかった。それを制御する方策を原はどのように考えていたのだろうか。これは興味深い問題であると同時に、原の時代にかぎらず、対米英協調をとった政党政治の時期に共通した問題でもあった。このことは軽視しえない点なので、原についても後にあらためて検討する。

シベリア出兵に反対する理由

英仏からの打診を受け、一九一七年（大正六年）一二月の外交調査会で内閣から提案された、最初のシベリア出兵案についても、原は強く反対した。

原は述べている。

いまシベリアに出兵すれば、極東地域での「大戦の端緒」となる可能性がある。またその覚悟なくしては出兵できない。ドイツがシベリアを拠点に日本を「攻撃」するとか、「飛行機」や「潜航艇」を侵入させるようなことがあれば、「自衛」のため軍事的な対抗手段をとらなければならない。だが、ドイツ勢力のロシアへの波及や、「連合国」からの要請などの理由だけで出兵し、大戦にいたるような事態は避けるべきである。大戦にいたる覚悟なく出兵するようなことは認められない、と（『原敬日記』、大正六年一二月）。

すなわち、出兵はドイツやロシアとの全面戦争へとおちいっていく可能性があり、その覚悟なくしておこなうべきでない。ドイツ軍より日本がなんらかの攻撃をうけ自衛上それを排除する必要がある場合ならともかく、そうでないかぎりは出兵すべきでない。それが原の意見であった。

その後、英仏から正式に共同出兵の提議があり、外交調査会においてもこの問題をめぐって議論がなされた。原は、「今日の急務は急ぎ我が国防を充実して、冷静に世界の形勢を視るに在りて小策を弄《ろう》する時期にあらず」として、反対の立場をとりつづけた。

ちなみに、ロシアの現状について原は、「過激派は全露に勢力を有し居るは事実にて、……日本の政策としては過激派の反感を醸すは不得策なり」との認識をもっていた。「過激派」に対抗している「穏和派」は実質的には「無勢力」な状態にあり、現在の時点ではソヴィエト政府に敵対することは好ましくないと考えていた。

原は、実際にはドイツが、政治的影響力としてはともかく、軍事的に東アジアに展開してくる可能性はほとんどないと判断していた。また、もし独露と日本が戦端をひらいた場合には、軍費などを疲弊した英仏に頼ることはできず、したがってその使嗾《しそう》にのるべきでない。そして、かりに独露との本格的戦闘になった場合には、軍費調達のうえからもアメリカとの関係が重要であり、日米間の親交をはかる必要がある。したがって、日本の「侵略的野心」をうたがわれ、かつアメリカが出兵の必要をみとめていないいま、日米の疎隔の原因となるような行動はとるべきでない。原はそう考えていた。

ただもしアメリカから積極的に共同出兵を働きかけてきた場合には、それが将来の日米提携につながっていく可能性があり、一考すべき余地はあるとみていた。

全面出兵か限定出兵か

ところが、翌一九一八年（大正七年）七月、アメリカから、主としてシベリアにおけるチェコスロバキア将兵を救援するためにウラジオストックへの共同出兵が提案された。これを契機に事態は新たな展開をみせる。

寺内内閣は、これを機会にシベリアへの全面出兵を実施しようとした。だが原は、もともとアメリカとの関係をもっとも重視しており、出兵問題でもその動向に注意をはらっていた。したがって、アメリカからの提議があったこの時点では、将来の日米提携のために、ウラジオストックへの限定出兵には同意するのが望ましいとの判断だった。しかし、アメリカの提案をこえて、内閣が意図しているようにシベリアに全面出兵することには反対であった。大戦後の国際情勢においては、アメリカとの関係が決定的に重要となり、イギリスとの関係もむしろ日米関係の動向によると原はみていた。それゆえこの問題をふくめ、アメリカとの関係が悪化することは、今後の国際社会において日本が困難な状態におちいることになると考えていたのである。

原はこう述べている。大戦後の世界は「英米独の三大勢力」に帰し、他の諸国はこれに追随し、またはその勢力均衡によって維持させることとなる。現在「日英」は同盟国である。これにアメリカを加え「日英米三国の提携」となれば、「国家の将来」はきわめて有利となる。だが、もし「日米疎隔」となれば、日本は国際的に「危険」な状態におちいる。したがって、アメリカの提議にたいしては同意すべきである。だが、政府はこの提議を利用してシベリアに全面出兵を企てている。これは問題であり、将来「国家の危険を誘起する」おそれがある。ウラジオストックへの限定的な出兵は「日米提携の端緒」となりうるもので同意すべきだが、これを機会にシベリア全域に出兵することは容認しえない、と(『原敬日記』、大正七年七月)。

したがって原は、寺内首相からシベリア全面出兵について公式の提議をうけたとき、たとえ政治的孤立においこまれようとも、それに正面から抵抗することを決意する。

この問題について政友会の幹部会では、政府案に反対しても政府は出兵し政友会は孤立するとの意見がだされた。これにたいして、原はつぎのように自らの決意を表明している。

「国家の大事」には党の利害を顧慮する暇《いとま》はない。自分は自分の信ずる道を「猛進」するほかはない。……。外交調査会ではウラジオストックへの「限定」出兵には大体同意し、シベリア「全面」出兵には、国民に徹底的了解をえるまでは延期すべきとの意見を述べる。もしこの主張が受け入れられなければ、外交調査会から脱退するほかはない。もしそのような事態となり「政府と手を切る」時は、「我が党の孤立」を覚悟すべきである。憲政会の姿勢は不確かなものであり、政府側に走るものと見ておかなければならない。国民党も政府と一体の動きをするだろう、と(『原敬日記』、大正七年七月)。

そして、自身の心境について、「一身一党を顧慮せず、国家のために貢献するの責任大なるを感じたりき」、とその日記に記している。

政権授受

翌日の臨時外交調査会では、原や牧野伸顕らの反対によって、シベリア全面出兵の方向は決定されなかった。その後も、アメリカへの回答案をめぐって、内閣からシベリアへの全面出兵を意図した提起がなされるが、原はおもにアメリカの同意がえられないことを理由に抵抗しつづける。ウラジオストックへの限定出兵は、「日米将来提携の端緒」となりうるもので、「将来日米の関係を考うる時は之に応ずる」ことが「得策」だ。そして、なるべくアメリカと歩調をあわせるべきである。だが、それ以外のシベリアの地への出兵は、「米国の意に反するのみならず、露国民に対しても不得策なり」というのである。

しかし、原の立場からしてもアメリカの提案そのものには積極的に答えなければならず、いたずらにアメリカへの回答を引き延ばすわけにはいかなかった。したがって、臨時外交調査会での数回の議論のすえ、原は、ウラジオストック以外の地への出兵については

ウラジオストックに上陸する日本軍

アメリカとの合意を必要とすることを条件に共同出兵を承認する。内閣の全面出兵の方向をおさえながら、対米考慮から限定出兵そのものは実現しようとしたのである。

八月四日、ウラジオストックへの共同出兵宣言がなされ、八月中旬、日米両軍があいついで同地に上陸した（日本軍一万二〇〇〇、アメリカ軍七〇〇〇）。

しかしそれと前後して事態は新たな方向に展開していく。寺内の病状が悪化するなかで、米騒動が起こる。またシベリア派兵の日本軍は、八月下旬、アメリカとの合意なしでバイカル以東のシベリアに展開しはじめる。そのようななか九月上旬、米騒動による国内の混乱状態がほぼ沈静化した時点で、寺内は原にはっきりと辞意をつたえ、原への政権授受について元老に進言するむねを明言した。原もその場で寺内の辞職を了承している。

その当日、原・寺内会談後に臨時外交調査会がひらかれ、東部シベリアへの兵力展開についての報告がなされた。その内容は、アメリカ委員もふくむウラジオストックの各国軍事会議からの要請にもとづいて、シベリアに一個師団、約二万を派遣し、ウラジオストック派遣軍も一個師団分に増強したとするものであった。

原はそれにたいして、アメリカ政府はどのような意向であるのかと質問するが、当局側の答えは曖昧なものであった。しかし原は、「内閣すでに辞意を洩らしたる以上はこれを追窮するも如何《いかん》」としてそれ以上追及しなかった。この時期、すでに寺内辞職後の後継内閣をめぐって政界中枢での動きがはじまっていた。それゆえ、いまこの問題で、原への政権授受の意向をもらしている寺内と、決定的に対立するのは得策でないと考えたためと思われる。

だが、東部シベリアでの日本軍は、その後臨時外交調査会にはかられることなく参謀本部主導でつぎつぎに増強され、シベリア出兵関係の総派遣兵力は七万二〇〇〇に達した。

このことは当然ソヴィエト・ロシアとの関係を敵対的なものにしただけでなく、アメリカからの強い抗議をまねき日米関係を悪化させることになる。

このように、対独参戦、対華二一ヵ条要求、日露協約の消滅、シベリア出兵などにより、独中米英仏ソとの軋轢を生じ、日本はほとんど国際的孤立状態におちいる。そのようななか、九月二一日、寺内首相の健康が悪化し、寺内内閣は総辞職した。

5 原政友会内閣の成立と外交政策の転換

北方政府への援助うちきり

寺内内閣総辞職後、山県ら元老は原を次期首相として奏薦し、大戦末期の一九一八年(大正七年)九月、原敬政友会内閣が成立する。首相をはじめ、陸海相・外相以外のすべての閣僚が政党員(政友会)によって構成される、日本最初の本格的な政党内閣であった。

政権についた原は、軍事的政略的プレッシャーを背景として大陸での権益を拡大しようとした従来の政策を転換し、国際的な平和協調を基本的な外交方針として設定する。すなわち、中国への内政不干渉を原則とする日中親善の方針をうちだし、またそれによって米英ら欧米列強とりわけアメリカとの協調をはかろうとした。

まず原は、組閣から約一ヵ月後の一九一八年(大正七年)一〇月、対中国借款停止の閣議決定をおこない、北方政府への援助をうちきる方針をさだめた。そして、それによって南北妥協を醸成するとともに、実質的な政治借款はすべて従来からの国際借款団によることをあらためて確認し、欧米列強との協調方針を明らかにした。かねてから原は、寺内内閣の援段政策は、日本にたいする列国の不信感を強めるとともに、将来における中国での日本の立場を困難にするとの判断をもっていたからである。

この閣議において同時に、それまでに契約されていた西原借款の停止が決定された。また、翌一一月の関係閣僚による対華借款問題会議で、その具体的処理方針とともに、「従来のごとき侵略主義」の「抛棄《ほうき》」が合意された（「対華借款問題会議議事」）。

さらに翌一九一九年（大正八年）二月には、原の指示にもとづいて、寺内内閣下でおこなわれてきた北方政府への武器供給を停止する命令がだされた。つづいて同月下旬、統一政府が成立するまで中国へのいっさいの武器輸出を禁止するむねの閣議決定がなされた。

このような北方政府への借款供与および武器供給の停止処置は、それによって南北両派の妥協による統一政府の樹立を促進し、日中関係の好転をはかろうとするものであった。そして、中国内政不干渉の姿勢をうちだすことによって米英の対日不信感をぬぐいさり、両国との協調関係をつくりあげていく糸口にしようとするねらいをもっていた。

この間、第一次世界大戦は一九一八年一一月に終結、翌年一月からパリ講和会議が開かれる。

新四国借款団への加入

さらに原は、一九一九年（大正八年）五月、アメリカから提起されていた中国にたいする新四国借款団への加入を閣議決定した。アメリカは、寺内内閣末期、日本の援段政策を抑制するため、中国への全借款を掌握する新たな国際的借款団（新四国借款団）の結成を英日仏によびかけていた。原は組閣後、対米英協調の観点から、原則的にこの借款団に加わる方向で検討をすすめ閣僚の同意をえたのである。

だが、アメリカの提案では、今後中国全土にわたってすべての借款はこの新四国借款団を経由しなければならないことになっていた。これについて原内閣は、これまで日本の勢力範囲とされてきた南満州および東部内蒙古を借款団のカバーする領域から除外するよう要求し交渉がつづけられた。だが原は当初からこの満蒙除外についても借款団加入を重視する観点から、ある程度は柔軟な姿勢でのぞむつもりだった。

まず六月に日本は満蒙を全面的に除外することを要求したが、米英側から拒否された。だが、翌一九二〇年（大正九年）一月、満蒙における既得権益そのものを害するものではないとの米英からの意向が伝えられた。そこで、原内閣は、一般的に当該地域を概括して除外する方法にかわって、条約などの取り決めにもとづく既得権益を列挙して除外する方針への転換を決定した。そして結局、東部内蒙古の一部権益を除いて、満鉄本支線および付属鉱山、吉長鉄道、新奉鉄道その他についての日本のおもな主張はほぼ受け入れられた。こうして日本の満蒙権益のほとんどが除外されるかたちで、一〇月、米英日仏による新四国借款団が成立した。

この決着について原はつぎのような発言を残している。「満蒙は我が勢力範囲なりと漠然［と］主張し居《お》りたるものに過ぎざりしものが、今回の借款団解決にて具体的に列国の承認を得たる事にて将来のため利益多し」、と（『原敬日記』、大正九年五月）。満蒙権益について米英の承認をうけたことは日本にとってむしろ好ましい結果になったと判断していたのである。この程度の譲歩（東部内蒙古の権益の一部を借款団経由とすること）は、米英との協調の必要なコストだと考えていたといえよう。

こうして新四国借款団が成立するが、そのことは日本の対米英協調の基本ラインが設定されたことを国際的に表示するものであった。

対米英協調を前提にした中国対策

このころ中国では、原内閣成立直後に、馮《ひょう》国璋《こくしょう》にかわって徐世昌《じょせいしょう》が大総統に就任するとともに、段祺瑞は国務総理をしりぞき、南北和平のうごきが生じた。一九一八年(大正七年)一〇月、原内閣は中国にたいして南北妥協を共同で勧告することを米英仏伊に提議。一二月、五ヵ国による勧告がおこなわれ、翌年二月には上海で南北両派による和平会議が開催された。

このような動きのなかで原は、内政不干渉といっても事態を傍観していたわけではなかった。南北妥協の実現、列国協調下での親密な日中関係の形成をはかるためには、公式の和平勧告だけではなく、内々にさまざまな働きかけが必要だと判断していた。

中国内政不干渉の方針を公式にはとりながらも、欧米列強や反日運動の動きに対応するには、南北妥協の早期実現と将来の日中関係の緊密化に努めなければならない。そのためには親日派にたいして民間をとおした内々の財政的援助なども必要だ。原はそう考えていた。ことに中国国内でのアメリカの影響力が増大していくことは警戒しており、それに対抗して中国人留学生の積極的うけいれなどさまざまな対策を講じようとしている。原にとって、中国内政不干渉の方針は、あくまでも対米英協調と、南北妥協による日本に好意的な統一政権の樹立のためであった。したがって前者(対米英協調)をそこなわなければ後者(南北妥協)のために公式非公式に、もしくは裏面から、さまざまな方策をおこなうことを排除するものではなかった。

ただし日本に好意的な政権といっても、寺内内閣がめざしたような排他的な、日本の影響下に置かれたものではなく、対米英協調のもとでの相対的なものを意味した。また裏面からの働きかけも、大隈内閣のもとでのような謀略的な工作をおこなおうとしたわけではなかった。原は、対米英協調を前提に、したがって軍事的政略的プレッシャーによらず、中国本土において日本の通商・投資活動がスムーズにおこなわれることを望んでいた。そのためには、中国社会の安定化と日中間の親密な関係が実現されることがもっとも重要なことだったのである。

だが南北両派による上海での和平会議はさまざまな問題で難航し、パリ講和会議をめぐる五四運動の高まりのなかで、一九一九年五月ついに決裂した。中国統一の前途はなお多難であった。

このように原内閣は対中国政策の転換をおこない、国際的平和協調を基本とする外交を推進しようとした。したがって、アメリカ大統領ウイルソンの提唱による国際連盟の設立についても、「進んで主義上の賛成を表すべし」との方針でパリ講和会議に臨《のぞ》んだ。そして原は、日米、日英関係について、「日英同盟は国際連盟確定の後は効力薄きに至るべきも継続を可とする。而《しか》して日英同盟継続せばさらに何らかの方法によりて日米協商をなしたきものなり」との考えだった（『原敬日記』、大正八年六月）。

キャスティング・ボート

ところで、このころ原は対米英関係についてつぎのような興味深い発言を残している。

「世界は英米勢力の支配となりたるが、東洋においてはこれに日本を加う。即《すなわ》ち日本が英に傾くと米に傾くとは、彼らに取りても重大なる事件なれば、いわば引張凧《ひっぱりだこ》となるの感あり。而して我国は毎々《たびたび》いう通り日英米の協調を必要とするにより、この傾向に乗じて相当の処置を要す」(『原敬日記』、大正八年六月)

すなわち、世界は事実上アメリカ、イギリスのヘゲモニーのもとに置かれることとなった。だが、アジアにおいてはそれに日本が加わり、これからの動き方しだいでは、日本は米英のあいだでいわばキャスティング・ボートをにぎる位置に立つ状況にある。すなわち米英と対立するのではなく、それと協調しながら、むしろ両者の間隙を日本に有利な方向に働かさなければならない。したがって、今後は米英間の動きに注意しつつ、外交上の処置をしていかなければならない。そういうのである。

先にふれたように、原の日米提携論、日米提携を軸とする安全保障構想は、両国の国力差から、いかにして「米国のなすがまま」となることを抑制しうるかが一つの課題であった。この発言の内容は、それに対する一つの方策を示唆するものとも考えられる。つまり、米英間の間隙を利用し、日本がキャスティング・ボートをにぎることによって、アメリカ、イギリスそれぞれの行動を抑制しようというのである。

このことは東アジアにおいては、たしかに一定の現実性をもつものであった。中国に対する米英両国の利害関心のあり方には、かなりの開きがあり、日本はその中間的位置にあったからである。イギリスは中国中央部の広大な地域を勢力圏としており、その確保に強い利害関心をもっていた。それにたいしてアメリカは中国に特定の勢力圏をもっておらず、むしろ領土保全と門戸開放を対中国政策の基本としていた。原内閣期日本の利害関心は、その中間的なもので、満蒙についてはイギリスとスタンスを同じくするが、中国本土についてはアメリカと近いスタンスをとっていた。したがって、東アジアにおいて、米英両国は利害関心の相違から、それぞれ日本との共同歩調を望んでおり、それを利用して日本は両国を牽制しうる位置にあったのである。いうまでもなく、それは米英との協調を大前提としてのことであった。

このように東アジアでの米英の利害関心のあり方の相違に着目して、日米提携のもとでアメリカの「なすがまま」となることを抑制することは、一定の可能性をもちえた。しかしそれは東アジアに視野をかぎってのことであった。

米英の利害関係はグローバル・レベルではきわめて密接なものがあり、強固な提携関係にあった。したがって、たとえ東アジアにおいて利害関心の相違が存在したとしても、それが両国間の関係に直接影響を与えるかどうかは必ずしも明確ではなかった。むしろ東アジアにおける利害関心のあり方の相違にもかかわらず、重要な局面では、グローバル・レベルでの両国の密接な関係が、両国の東アジアでのスタンスの相違につけこむ隙を日本に与えない方向に作用する可能性もじゅうぶんありえた。したがって、日本が両国の利害関心の相違の間隙を利用して、「米国のなすがまま」となるような事態を抑制することは、それほど容易なことではなかった。原もそのことは承知していたであろう。それゆえ、この問題は原においても、なお課題として残されたままであったといえよう。

原の満蒙経営

さて、原は中国にたいして原則として内政不干渉の方針をとろうとしたが、しかしそれは満蒙を除いてのことだった。原は、新四国借款団問題のさいの対応にみられるように、満蒙での日本の基本的な特殊権益は維持しようと考えていた。そして満蒙政策について、一九二一年（大正一〇年）五月には、閣議において、国防上経済上の観点から満蒙権益を確保・拡充するとの基本方向が正式に決定された。

また満蒙経営について原は、満蒙への直接的な介入はできるだけ避け、そこで実権をにぎる軍閥張作霖《ちょうさくりん》と提携することが得策だと考えていた（『原敬日記』、大正九年一一月）。張作霖は北洋軍閥奉天派の実力者で、当時奉天省のみならず、吉林省、黒竜江省の東三省（満州全域）をその支配圏にいれ、東三省巡閲使の地位にあった。日露戦争後、まだ地方軍を握っているにすぎなかったころから張は、満州での自己の勢力拡大のために日本への接近をはかった。その後第二次満蒙独立運動などで日本との関係を深め、それとともに満州全域を支配する実力者にのしあがってきたのである。

この満蒙における張との連携については、一九二一年（大正一〇年）五月の植民地関連長官会議において張作霖援助の方針がさだめられ、つづいて閣議で正式に決定された。ただし、張が満蒙をこえて中央政界に進出する場合は支援しないことになっていた。張作霖との提携はあくまでも満蒙権益の確保のためであり、原らは中国本土への特殊権益のさらなる拡大をかならずしも意図していなかったからである。

山東半島のドイツ権益

一方、山東半島のドイツ権益問題について原は、組閣直後、青島租借地をドイツから引き継いだのち中国に返還することに閣議で決定した。その後、鉄道・鉱山は日中合弁とすること、日本の専管居留地を国際的な共同居留地にすること、日本軍の撤兵などの方針をさだめた。寺内内閣時に、日本軍艦の地中海派遣とひきかえに、講和会議において山東半島などに関する日本の主張を支持するむねの了解を秘密裏に英仏伊からとりつけていた。そして実際にも日本の軍事占領下において全ドイツ権益を継承・掌握していた。だが原は、日本をめぐる国際情勢や、新四国借款団問題で満蒙除外を実現する観点から、むしろそれを中国に還付したほうが得策だと考えていたのである。

これらの方針は、国内および現地日本人の返還反対論や、撤兵に躊躇する軍部をおしきってのことであった。したがって原の意識としては、「大体野心なき事を表示するために不当の要求をなさず、公明正大なる態度を示す」趣旨のものだった（『原敬日記』、大正一〇年八月）。

だが、一九一九年（大正八年）一月から開催されたパリ講和会議において、山東半島のドイツ権益について、中国の南北両政府合同代表団は自国への直接返還を主張した。アメリカも独自に国際共同管理案を提出した。しかし日本代表団はその主張がいれられない場合は会議脱退も辞さない姿勢を示し、結局承認されることとなった。だが、それを不服とする中国代表団はヴェルサイユ条約の調印を拒否した。その後北京政府は日本からの直接交渉の要請をうけいれようとしたが、中国国内で反対運動が高まり、山東問題の決着はワシントン会議（一九二一〜二二年）にもちこされることとなる。

アメリカの撤兵通告――飲まされた煮え湯

シベリア出兵問題については、原内閣は成立直後の一〇月、まずシベリア駐留の日本軍について約一万四〇〇〇の減兵を決定した。さらに一二月、アメリカからの抗議に応えるかたちで、三万四〇〇〇あまりを削減し残留派遣軍総数を約二万六〇〇〇にすることが決められ実施された。原は寺内内閣時に、日米共同でのウラジオストックへの限定出兵に同意したが、その後日本軍は対米合意を無視して東部シベリアに全面展開していたのである。また、原組閣後も、たびたび英仏より西部シベリアへの出兵要請をうけるが、原はこれも拒絶した。

その後シベリアの各国連合軍はコルチャックのオムスク政府を支援していたが、翌一九一九年一一月にそれが崩壊し、イギリスはシベリア派遣軍撤退方針に転じた。日本では、閣内での意見が割れ、原は日米協調の観点から、まずアメリカの意向を打診することを指示した。

ところがアメリカはそれへの回答をおこなうことなく、翌一九二〇年一月、米派遣軍司令官から突如シベリアからの撤兵を通告してきた。このことはいうまでもなく日米共同出兵の趣旨に反することであった。日米の連係を第一に考えてきた原は、このアメリカの対応に衝撃をうけた。しかしただちに、シベリアからの撤兵方針を内定し、アメリカにも内田外相より厳重な抗議をおこなった。なお、アメリカからの突然の撤兵通告は、国務省・国防省・派遣軍間の米内部での意思疎通上の手ちがいによるものだったが、撤兵方針そのものはすでに決定していた。

アメリカ政府は共同出兵決定のさいは事前に日本政府との協議をおこなっていたが、撤兵は日本との協議なく決定したのである。原は、ほかならぬ対米協調の観点から同意したシベリア出兵の問題で、アメリカから煮え湯を飲まされることとなった。

組閣以来、原は援段政策の停止、新四国借款団への加入、シベリア減兵など、日米提携を実現すべく対米協調政策をとってきた。だがこの段階では日米提携はまだ実現されなかったといえよう。アメリカ政府内には対華二一ヵ条要求以来の対日不信がなお強く残っていたからである。それが払拭されてくるのは原死後のワシントン会議以降となる。

アメリカの撤兵通告後、日本側のシベリア撤兵が参謀本部の抵抗によって手間どっているなか、一九二〇年五月、尼港《にこう》事件がおきる。ニコライエフスク（尼港）でパルチザンによって日本軍守備隊と多数の在留邦人が殺されたのである。このことはシベリア撤兵をお

尼港の焼け跡

くらせることとなった。原はその後も撤兵の方向で事態をすすめようとするが中途で暗殺され、完全撤兵は加藤友三郎内閣（一九二二年一〇月）までもちこされることとなる。

経済的競争力の抜本的強化が必要

このように原は、政権を掌握すると、従来の外交政策を転換し、対米英協調と日中親善を軸とする国際的平和協調に外交の基本方針を設定した。それまでの、対華二一ヵ条要求や援段政策などのような、軍事的政略的圧力によって大陸での勢力圏拡大をはかろうとする方向を否定したのである。

そのことは、中国において、経済的競争力に重点を置いた市場拡大の方向を推し進めることを意味した。すなわちアメリカ、イギリスなどと本格的に経済レベルで競争をおこない、通商・投資の拡大をはからなければならないこととなったのである。だがそれには経済的な国際競争力の抜本的な強化が必要であった。

それはつぎのような事情を背景としていた。

当時の日本は、近代的な産業発展を進めていくには輸出貿易のための海外市場の拡大を必須としていた。自然的地理的条件のみならず、地主制など国内の社会経済的編成から国内市場が狭隘《きょうあい》だったからである。だが後発資本主義国として日本経済の対外競争力は弱く、純粋に経済的なレベルでは国際市場で欧米諸国に対抗できる水準にはなかった。したがって日清・日露戦争により台湾、朝鮮、満蒙などを植民地や勢力圏として確保し、独占的な輸出市場とすることによって、さらなる産業発展が可能となったのである。対華二一ヵ条要求や援段政策もその延長線上に立つものであった。それらは満蒙ばかりでなく中国全土を日本の勢力下に置き、鉄・石炭などの原料資源とともに、産業発展のための輸出市場を確保するねらいをふくんでいた。山県が対華二一ヵ条要求直前の「対支政策意見書」において、中国を「我が貿易上の一大顧客」と位置づけ、袁世凱政権を日本の影響下に置こうとしたのは、この意味からであった。

しかしそのような政策が行き詰まり、原内閣はそれまでの路線を転換して、対米英協調と中国内政不干渉にもとづく日中親善に、外交の基本戦略を設定した。そのことは中国などでの市場の確保は純粋に経済レベルでの競争によらねばならないことを意味した。

原は言う。

「吾《ご》人《じん》は［中国で］現在有する権利は保持せんとするも、決して現在以上に何らの獲得を試むるを欲せざるなり。……吾人が支那より得んとするものは実に商業的性質のものにして……各国が均等なる立場にて競争せんとする地域において支那の通商を独占せんと試むるものにあらず」（「原首相最後の対支伝言」、大正一〇年一一月）

すなわち、自分たちが中国で望んでいるものは通商・投資など商業的なものである。それを、日本が独占するのではなく、米英など多国間での自由な競争のなかで実現しようとしている。中国にたいして特殊権益をこれ以上拡大しようとするものではない、と。

しかし米英はじめ欧米諸国との自由な競争において中国での通商・投資を拡大していくためには、経済的な国際競争力の抜本的な強化が必要であった。世界市場とりわけ中国市場で通商・投資両面において、欧米諸国と経済的に競合できるだけの国民経済の国際競争力をつけることが、必須の課題となったのである。

交易型産業国家への転換

そのための方策が、原内閣の「戦後経営」政策の中心内容を占めるものであった。そこでは、国際競争力強化を念頭に置いた産業育成政策を軸に、それを支える交通機関（鉄道）の全国的な整備、さらにそれらのための人材育成を主眼とする高等教育の拡充などが、重要施策として設定されていた。原はその実施に全力で取り組んでいく。

原は日中関係が安定し、経済的な国際競争力が一定程度上昇すれば、中国市場において欧米諸国と経済的にじゅうぶん競争しうると判断していた。その地理的近接性ゆえに、当時の輸送コストを考慮すれば、日本は相対的に有利な条件を備えていると考えていたからである。

このように原は、国策の基本方向を、従来の大陸への軍事的膨張政策から、平和的な産業発展による通商・投資の拡大へと、大きく転換させたのである。いいかえれば、軍事強国への道から平和的な交易型産業国家の道への転換をはかったのである。その点に原内閣の一つの歴史的意味があったといえよう（もちろんそのことは植民地や勢力圏の放棄を意味するものではなく、帝国日本のあり方そのものを否定するものではなかった）。

なお、山県は、日本が大陸に進出すべき一つの理由として人口過剰論をしばしばあげていた。だが、原は、その点について、「我が内地には人口を容るるの余地は甚だ多く、決して人口の過剰を憂えず。現に先頃《さきごろ》少々工業繁昌すれば忽《たちま》ち人の不足を生ずるにても知るを得べき」（『原敬日記』、大正九年一〇月）、との認識であった。すなわち、過剰人口論からする大陸進出論は合理的な根拠のないものであり、いわば口実にすぎないと考えていたのである。ちなみに、同時代の官僚柳田国男《やなぎたくにお》なども、原と同様に過剰人口論を疑問視している（拙著『柳田国男の思想史的研究』）。

山県のような過剰人口を理由とする大陸膨張論はくりかえし現れてくるのにたいして、原や柳田の、このような見方はあまり知られていない。その後も大陸膨張の是非をめぐってさまざまな議論がなされていくことを考えると、このような見解の対立は興味深いところである。

国際社会での発言力

また原は、選挙権の拡大や社会政策の導入によって、国民的支持基盤を拡大し、議会や政党のプレステージを高めようとした。そして、それを背景に、それまで国家権力の中枢を占めていた藩閥官僚勢力を抑え込みながら、議会政党の権力的地位の確立をはかろうとしたのである。

それとともに、国際協調の観点および軍事費負担を軽減するねらいから、海軍軍縮などを主題とするワシントン会議開催に積極的にコミットしていく。ワシントン会議自体は原の死後開催されるが（一九二一〜二二年）、生前すでに会議への招聘を受け、そこで海軍軍縮問題などが議論されることになっていた。

原はワシントン会議について、つぎのように述べている。

「元来軍備なるものは相対的のものなれば、列国の協調に因りてこれに制限を加うるは、もとより異議なきところにして、また、これに因りて幾何《いくばく》にても国民の負担を軽減することを得るならば、最も歓ぶべきところなるが故に、我々はこの会議に欣然《きんぜん》参加を承諾したのである」（「立憲政友会北信大会に於ける演説」、大正一〇年一〇月）

そして、パリ講和会議において創設された国際連盟（一九二〇年一月発足）の常任理事国ともなり、日本は国際社会で軽視しえない発言力をもつ国とみなされるようになる。

6　国際連盟と原の期待

国家理性にもとづく現実主義的な判断

この原内閣後半期に入って発足した国際連盟について、原は独自の観点からその存在と役割を重視していた。

原は国際連盟に関して、こう述べている。

世界大戦は、「約一千万の壮丁を喪《うしな》い、これに不虞廃疾者を加うれば二、三千万に達する」膨大な人的犠牲をもたらした。また広範囲にわたる深刻な物的破壊をおこない、莫大な財を「人類の幸福を破壊する戦乱闘争」のために消尽した。国際連盟は、このような「未曾有の大惨劇」の経験から、次期大戦を防止するための、「世界の平和を強制する」国際機関として生み出されたものである。世界は戦後、平和を志向する動きが国際的にも拡大している。だが今後いついかなる機会に、人類は「再び擾乱の惨禍」に陥らぬとも限らない。「世界平和」を鉄則とし「戦争防止」のため「あらゆる規定を設けた」国際連盟が設立されたのは、そのような事態を招来しないがためである。連盟規約は「世界の大憲章」ともいうべきものである。日本も「国際連盟の幹部」すなわち常任理事国として、その基本理念の実現に積極的に寄与し、「世界の永久平和」に貢献しなければならない、と（「恒久平和の先決考案」、大正一〇年。「東西文明の融合」、大正一〇年）。

旧国際連盟本部（スイス・ジュネーブ）

よく知られているように、国際連盟は、第一次世界大戦終結後、次期大戦の防止を主要目的として作られた最初の世界規模の国際機構である。

第一次世界大戦は、一九一四年（大正三年）七月から四年半近くの長期にわたってつづき、膨大な人員と物資を投入し巨額の戦費を消尽した。そして、未曾有の規模の犠牲と破壊をもたらした。たとえば、戦死者九〇〇万人、負傷者二二〇〇万人、一般市民など非戦闘員の犠牲者も一〇〇〇万人に達した。

そこでは、戦車、航空機など機械化兵器の本格的な登場によって、戦闘において人力より機械のはたす役割が決定的となった。したがって、戦争の性格も従来のものから大きく変化して、機械戦ともいうべき様相を呈することとなる。そこから、兵員のみならず、兵器・機械生産工業とそれをささえる人的物的資源を総動員し、いわば国の総力をあげて戦争を遂行する国家総力戦となった。

したがって今後、近代工業国間の戦争は不可避的に国家総力戦となると考えられた。同時にまた、先進列強が相互に全面戦争に入れば、第一次大戦と同様、その勢力圏の交錯や提携関係によって、長期にわたる世界戦争となっていくことが予想された。

それゆえ、欧米列強諸国にとっても次期大戦の防止は切実な課題であり、ナショナル・インタレストの観点からしても必須のことと考えられていた。大戦の経験から、ふたたび同様な世界戦争が起きれば、前回をはるかに超えるレベルで、新鋭の大量破壊兵器を大規模に使用する長期の総力戦となる。それは、これまで欧米社会が築き上げてきた文明を根底から破壊する可能性がある。そう予想されていた。そのような事態は、ナショナルな利害そのものを無意味化するものであり、列強諸国にとっても、国家理性の観点からして回避しなければならなかったからである。

たとえば、のちにイギリス首相となるウィンストン・チャーチル（保守党、第一次世界大戦時海軍大臣）は、つぎのように述べている。

「これから先に起こる［第一次大戦後の］戦争では、何千という兵士たちが電話一本で機械の力によって殺され息の根を止められる。……他方、女性や子供や一般市民全体が殺されることになるだろう。……そしてそれぞれの国に、大規模で限界のない、一度発動されたら制御不可能となるような破壊のためのシステムを生み出すことになる。……人類は初めて自分たちを絶滅させることのできる道具を手に入れたのだ」

（『世界の危機』）

国際連盟は、そのような次期大戦の防止を最優先の課題として設立された集団的安全保障のための国際機関であった。連盟規約は、その観点から国際紛争の平和的解決を義務化し、そのような規定に反する戦争を原則的に禁止した。そして、その違反にたいしては共同の制裁処置を定めた。

それは、大戦の教訓から、連盟による一定の法的規制力によって、国際紛争の平和的解決をはかり、国家間の戦争を防止しようとするものであった。連盟についてはその後の歴史的経過からさまざまな批判がなされている。だが、にもかかわらず、それは国際紛争を解決する手段としての戦争を原則として禁止する、いわゆる戦争違法化への第一歩を踏みだしたものであった。

それまで国際法的には、戦争が国際紛争を解決する正当な手段の一つとされていた。連盟規約において、戦争がはじめて原則的に違法とされたのである。このような戦争違法化の方向は、のちの不戦条約、国際連合憲章へと受け継がれ、日本国憲法（現行憲法）にも取り入れられていく。日本では連盟創設の意義にあまり重きを置かれない傾向にあるが、その意味で、世界史的に大きなターニング・ポイントの一つといえるものだった。

連盟創設について、一般には、ウイルソンの理想主義による面が強調されがちであるが、他面、このような国家理性にもとづくきわめて現実主義的な判断によるものでもあった。むしろヨーロッパ諸国にとっては、そのような判断が主要なファクターとなっていた。

集団的安全保障の原理

原にとっても、このような国際連盟の存在は、国際社会とりわけ東アジアの安定を不可欠とする自らの政治構想にとって、重要な意味をもつものであった。

前述のように原は、政権を掌握すると、旧来の外交政策を転換し、中国内政不干渉と対米英協調を軸とする国際的平和協調に外交の基本方針を設定した。それまでの、対華二一ヵ条要求や援段政策などのような、軍事的政略的圧力によって大陸での勢力圏拡大をはかろうとする方向を否定したのである。

そのことは将来の日本の発展方向として、軍事力による植民地・勢力圏の拡大ではなく、経済的な国際競争力によって通商・投資の拡大をはかる道を選択したことを意味した。それによって国民経済の充実、国民生活の安定を実現しようとしたのである。

それには、国際社会とりわけ東アジアの安定が何よりも不可欠だった。その観点から、世界の平和的安定の永続、「世界の永久平和」を実現し、全世界の脅威となるような「戦争」を防止すること。それは原にとって、たんなる人道主義的な理想ではなく、日本のナショナル・インタレスト、国家理性からしても必須のことであった。そのような見地から、連盟の存在を重視し、「日本としてもその基礎の強固ならんことを希望して止まざる」ものだとの姿勢を示していたのである（「東西文明の融合」、大正一〇年。「調印を祝す」、大正八年）。

なお原は、「連盟各国」は、「自国の安全」を保障するのみならず、連盟による「強制（制裁）を協同で実行しうる「軍備」を整備する義務をもつ、との発言を残している（「世界に誤解されたる日本の国民性」、大正九年）。連盟規約は共同制裁の実施にともなう必要兵力の分担・提供を加盟各国に求めており（第一六条）、日本としてもそれに応える義務があると考えていたといえよう。

一般には、国際連盟は強制手段として経済制裁しか持たなかったと考えられているが、連盟規約や原は、それにともなう武力行使の可能性も視野に入れていたのである。

このような連盟の存在は、原の安全保障構想にとっても新たな視点を提供しうるものであった。力の原理が貫徹するパワー・ポリティクス的な国際社会に、世界レベルでの集団的安全保障の原理がはじめて持ち込まれたのである。原はこの国際連盟が有効に機能すれば、日本の将来にとっても有益なものになると考えていた。それは、世界や東アジアの平和的安定の観点からのみではなかった。

原はかねてから、アメリカは将来国際社会において大きな影響力をもつようになるだろうとみていた。「一朝米国と事ある」場合は、イギリス、フランス、ロシアなど欧州諸国は頼むに足りない。したがって、安全保障の観点からも、アメリカとの関係を改善し、日米提携をはかる必要がある、と考えていた。

だが、それとともに、日米提携が実現したとしても、日米間の非対称的な国力差から、「米国のなすがまま」となることを警戒していた。原自身においては、そのような事態をチェックする有効な方策を見出しえないでいた。

しかし、もし連盟が世界の安全保障システムとして有効に機能すれば、少なくとも日米提携における安全保障上の意味は軽減される。そのことは、非対称的な国力差の影響を減少させる方向に作用し、「米国のなすがまま」となる状況におちいることを回避しうる一つの有効な方策になりうるのではないか。そのような期待が原にはあったのではないだろうか。もちろん原においては、日米提携、対米協調は外交上の基本的な大原則であったが、それに付随するデメリットを抑制する機能を連盟に期待したのではないだろうか。だが原存命中、連盟の活動はまだ緒に就いたばかりで、その実際上の機能はなお未知数の段階だった。

そして、一九二一年（大正一〇年）一一月、原は東京駅で暗殺される。山県もまた、翌年二月に病没する。なお、連盟について、山県はこれといった発言を残していない。

原死後、残された安全保障に関わる課題は、民政党の浜口雄幸に受け継がれることになる。

第三章
昭和初期　浜口雄幸の構想
――集団的相互安全保障

浜口雄幸

1　田中内閣の対中国政策と浜口の対応

ワシントン体制の一翼

一九二一年（大正一〇年）一一月、原内閣の後継として高橋是清《たかはしこれきよ》政友会内閣が成立し、基本的に原の内外政策を継承する。そして、ワシントン会議（一九二一～二二年）に参加。そこにおいて、ワシントン海軍軍縮条約（米英日仏伊）、中国の領土保全・門戸開放に関する九ヵ国条約（米英日仏伊中ほか）、太平洋の平和維持に関する四ヵ国条約（米英日仏）などが締結される。これによって日本は、いわゆるワシントン体制の重要な一翼をになうこととなった。なお、ワシントン体制とは、ワシントン会議で締結された諸条約を基本とする、一九二〇年代の東アジアをめぐる国際関係の枠組みをいう。

これ以後、原によって設定された、議会を基礎とする政党政治と、国際的な平和協調という方向性は、政党内閣期の内政と外交の基本的枠組みとして継承されていく。

高橋内閣後、約二年間の中断をはさんで、加藤高明護憲三派内閣、加藤高明憲政会単独内閣、第一次若槻礼次郎憲政会内閣と政党内閣がつづく。その間、基本的には（二年間の中断期をふくめて）国際的な平和協調と大陸への膨張を抑制する政策がとられた。

そのような戦前政党政治期の内外政策の基本方向をもっとも徹底させたのが、一九二九年（昭和四年）に民政党内閣を組織した浜口雄幸《はまぐちおさち》であった。

だが、その後の世界恐慌のなかで、一九三一年（昭和六年）の満州事変と翌年の五・一五事件を契機に、政党政治は終焉を迎え、昭和陸軍の時代へと転換していく。この時期、昭和陸軍をリードしていった中心人物の一人が永田《ながた》鉄山《てつざん》である。以下、その二人の構想を比較検討していきたいと思う。

民政党初代総裁

まず浜口の構想からみていこう。

浜口雄幸は、一八七〇年（明治三年）高知県に生まれ、東京帝国大学卒業後大蔵省に入省。専売局長官から第三次桂内閣の逓信次官に就任、政界に転じた。その後、衆議院議員となり、立憲同志会、憲政会を経て、立憲民政党初代総裁に就任した。その間、加藤高明護憲三派内閣・加藤高明憲政会単独内閣の蔵相、第一次若槻礼次郎憲政会内閣の蔵相・内相などを務めている。

田中義一内閣時の各党首脳（左から床次竹二郎、若槻礼次郎、田中義一、高橋是清）

さて、若槻内閣期の一九二七年（昭和二年）三月、震災手形の処理問題から金融恐慌が起こり、それに対処するため内閣が提出した緊急勅令案を枢密院が否決。四月一七日、若槻内閣は総辞職した。

若槻内閣総辞職後、後継首班について昭和天皇より下問をうけた元老西園寺公望は、憲政会についで衆議院第二党の位置にあった政友会総裁田中義一を奏薦。四月二〇日、田中義一政友会内閣が成立した。ちなみに、総辞職直前の憲政会の衆議院議席数は一六五名、政友会は一六一名、第三党の政友本党は八六名であった（議員定数四六四名）。

当時、元老は、山県有朋、松方正義らの死去によって、一九二四年（大正一三年）以降、西園寺ただ一人となっていた。西園寺は、かねてからイギリス型の議院内閣制を理想としていた。それにもとづき、原則として衆議院第一党の党首が政権を担当し、その内閣が政治的理由によって辞職した場合は第二党が政権に、との考えによって田中を推したのである。

田中は、長州山県閥直系の軍人（予備役）で、参謀次長や陸軍大臣を歴任した人物であった。だが、原内閣の陸相としてさまざまな局面で原に協力した実績などから、政友会より高橋是清総裁の後継として請われ、政友会総裁の地位についていた。

他方、六月一日、若槻らの憲政会と床次竹二郎《とこなみたけじろう》らの政友本党の合同によって民政党が誕生。憲政会で党首の若槻につぐ位置にあった浜口が初代総裁に就任した。高橋、加藤（高明）、若槻、田中など当時の政党党首の多くが貴族院議員であったのとは異なり、衆議院に議席をもつ総裁であった。民政党の衆議院議席数は二二六名、政友会は政友本党の一部が加わり一八八名となった。

こうして浜口は野党第一党である民政党を率いることとなる。

田中内閣の張作霖温存政策

さて、田中内閣は、成立約一ヵ月後の一九二七年（昭和二年）五月末、中国国民政府（国民党）の北伐軍が、山東地方にせまったため、当地の居留民保護を目的として山東出兵を決定。約五〇〇〇名を派兵した。

第１次山東出兵

これ以後の日中関係の展開とそれへの浜口の対応は、昭和初期の内外の政治状況と、それを背景とする浜口の構想を考察するうえで、重要な意味をもっている。また、当時の中国問題は列強諸国の利害が錯綜しており、国際秩序や安全保障の問題を検討するうえでも、日中関係への考察は欠かせない。そこで、日中関係の展開と浜口の対応を、少し詳しくみていこう。

ところで、中国では袁世凱死後、各地に軍閥が乱立し、一種の内乱状態におちいっていた。そのようななかで、一九一九年、革命派の孫文らは中国国民党を結成。さらに国共合作（共産党との協力）による国民革命の方針を決定し、一九二五年、南部の広州に広東国民政府を正式に樹立した（孫文はその直前に病死）。

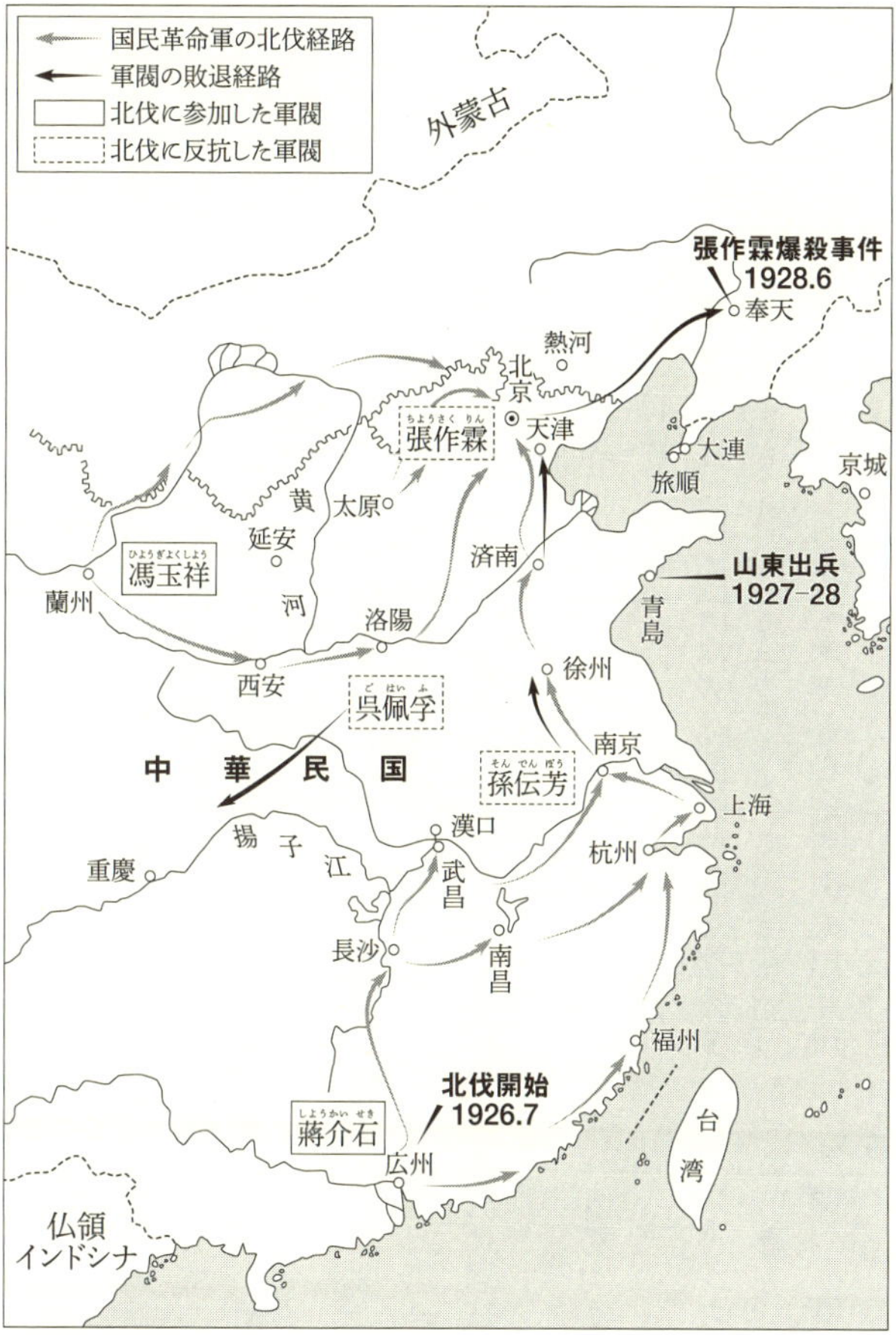

国民革命軍の北伐経路
軍閥の敗退経路
北伐に参加した軍閥
北伐に反抗した軍閥
外蒙古
張作霖爆殺事件
1928.6
奉天
熱河
北京
張作霖《ちょうさくりん》
天津
大連
旅順
京城
太原
黄
延安
馮玉祥《ひょうぎょくしょう》
済南
山東出兵
1927–28
青島
蘭州
河
洛陽
西安
徐州
呉佩孚《ごはいふ》
中華民国
南京
孫伝芳《そんでんぽう》
上海
漢口
揚子江
重慶
武昌
杭州
長沙
南昌
福州
北伐開始
1926.7
蔣介石《しょうかいせき》
広州
台湾
仏領
インドシナ

北伐期の中国

一九二六年七月、国民党・国民政府は、中国の国家統一と半植民地状態からの脱却をめざし、蔣介石《しょうかいせき》を国民革命軍総司令として総兵力約一〇万で北伐を開始した。北伐軍は各地で地方軍閥を撃破して、翌一九二七年二月、首都を広州から揚子江中流域の武漢に移し、武漢国民政府とした。しかし同年四月、蔣介石が上海クーデターを決行して共産勢力を排除、武漢政府とは別に南京政府をうち立てた。その後、国民革命軍は武漢・南京両政府に分かれたままで北伐を継続していたのである。

田中首相は、中国での日本人居留民に関して、それまでの若槻憲政会内閣の方針とは異なり、軍事力による現地保護の方針をうちだしていた。ちなみに、若槻内閣の幣原喜重郎《しではらきじゅうろう》外相は北伐の進行にともなって生じる軍事的混乱にたいしては、基本的に居留民ひき上げでもって対処してきていた。

なお、このころ田中内閣は満蒙に関して、日本の影響下にある張作霖勢力を温存し、その支配のもとで日本の特殊権益を維持強化しようとしていた。

田中首相は、主観的には、原内閣以来の国際協調を堅持する意思であった。したがって、山東出兵にあたっても、事前に外交ルートで周到な説明をおこなうなど、列強諸国とに米英との協調を重視していた。米英も日本の山東出兵決定を容認し、両国とも、北京・天津地域に一〇〇〇～二〇〇〇名規模の増派をおこなっている。

ただ、田中は、満蒙政策においても、原内閣における張作霖との提携方針を、中国情勢が大きく変化した北伐開始後のこの時期にも、踏襲しようとしていた。

張作霖は、南満州を勢力圏とする日本と密接な関係をもっており、一九一〇年代後半には、奉天省のみならず、吉林省、黒竜江省の東三省（満州全域）をその支配圏にいれた。その後、一九二〇年代にはいると、満州から長城をこえて、北京・天津周辺のいわゆる直隷地域に進出。北洋軍閥直隷派呉佩孚《ごはいふ》らと中華民国北京政府の主導権を争い、北京政府の実権を掌握するとともに、華北地域一帯に勢力を広げていた。そこに北伐軍が北上してきたのである。

したがって、山東出兵は、居留民保護のみならず、その張作霖温存政策とも関連していた。

山東出兵は「大なる失敗」

この山東出兵にたいして、民政党総裁に就任した浜口はつぎのように批判している。

対中国政策は「一党一派」（張作霖）に偏するべきではなく「全支那民衆」を相手としなければならない。内閣は、軽々に兵を動かす前に、北伐軍の最高責任者である蔣介石に治安維持を保証させるか、もしくは南北両軍の責任者との外交交渉によって適当な処置を講ずるべきであった。出兵は、「支那民衆の反感」を挑発し、これまで培《つちか》ってきた日中間の「好感情」を、一朝にして「蹂躙」してしまった、と（「不義の圧迫に屈する勿れ」、昭和二年）。

実際に日本の出兵は、武漢・南京両国民政府から強い抗議をうけ、日貨排斥など排日運動が中国全土に広がった。

一方、田中内閣は、山東出兵のさなか、六月二七日から七月七日まで、東京で植民地長官らによる東方会議を開催し、「対支政策綱領」が発表された。

そこでは、満蒙について、万一そこに動乱が波及し、日本の「特殊の地位権益」が侵害されるおそれがある時は、これを防護するため「適当の措置」をとる、としていた。また、中国における在留邦人の生命財産の保護のため断固とした「措置」をとることが、あらためて表明されている。

在留邦人の現地保護の方針のみならず、満蒙を特殊地域とみなし、北伐による満蒙への戦火の波及を阻止する決意を示したのである。

一方、中国側では、武漢政府が路線上の対立などから中国共産党と決別し（国共合作崩壊）、蔣介石の下野を条件に南京政府と合体、北伐も一時中断された。北伐の停止により、八月、田中内閣は山東からの撤兵を声明、山東出兵は約三ヵ月で終了した。

しかし、この出兵により中国の対日感情は急速に悪化し、ことに日貨排斥運動によって日本の対中国貿易は大きな損失をこうむった。満蒙鉄道建設や商租権（長期の借地権）の問題など、いわゆる満蒙をめぐる張政権との懸案事項の交渉も、反日運動の激化を背景とした張側の抵抗をうけ、暗礁に乗り上げた。たとえば、張の拠点奉天近辺では、数千から数万規模の排日集会やデモがたびたびおこなわれていた。

このような事態にたいして浜口は、山東出兵は「大なる失敗」であり、日本にたいする「内外の疑念」を生じさせたとして強く非難し、あらためて田中内閣の対中国政策への対抗姿勢を明らかにした。

また東方会議についても、中国の内政にみだりに干渉すべきではなく、国際的にも日本への信頼を揺るがしかねないと懸念を表明している。そのことは、日本の国際協調姿勢への列国の評価や、日中関係の将来にとっても否定的な影響を与えるだろう、と。

そして、中国にたいして日本のとるべき態度の原則について、つぎのように述べている。

「支那国民の間にいわゆる国民的自覚が自然に起ってきて……諸般の建設的事業が順調に進捗し……わが国との間に共存共栄の関係をますます増進するに至らんことを希望する。

……この支那人の国民的努力に対しては、外部よりみだりに干渉すべき限りでありません。かえって善意と寛容とをもってこれに臨《のぞ》み、その合理的要求に対しては、事情の許すかぎり漸《ぜん》をもってこれを認容するの態度をとるべきである」（「時局を誤る田中内閣の施設経綸」、昭和二年）

すなわち、内政不干渉を原則とし、国民的統一と新国家の建設をめざす国民革命の進展にたいしては、好意的態度をもって臨む。そして、中国国民の合理的な要求にたいしては事情の許すかぎり漸次的なかたちで容認していくべきだ。そういうのである。

浜口は、国民党主導の国民革命を中国国民の意思によるものととらえ、国家統一の可能性と能力はじゅうぶんありとみていた。当時、中国人には国家統一の能力なしとの見方がしばしばみられたが、浜口はそのような見地にはくみせず、むしろ中国の統一実現を期待するとの立場であった。

このように浜口は、田中内閣の山東出兵や東方会議、そしてこれらのベースにある張作霖との提携を軸とする満蒙政策には強い批判をもっていた。そして、国民政府による満蒙をふくめた中国統一を基本的にうけいれるべきだとの立場をとっていた。「我々は堅き信念のもとに一切の小策を排し、支那の和平統一にむかって充分の機会を与うるの用意がなければなりません」、と（「第五十六議会に直面して」、昭和三年）。

田中と浜口は、国際協調を志向する点では共通していたが、対中国政策ことに対満蒙政策では大きくスタンスを異にしていたのである。

田中内閣の「満蒙特殊地域論」

一方、旧武漢・南京政府が合体した国民政府は、しばらくして蔣介石を国民党軍の最高責任者に復帰させ、一九二八年二月、北伐を再開した。国民革命軍は北進してふたたび山東地方にせまった。

田中内閣は、同年四月、第二次山東出兵を決定。国民革命軍の進出にたいして済南《さいなん》の北京政府側兵力は撤退したが、五月、済南に入った国民革命軍と日本軍とのあいだで戦闘が起こり、在留邦人一二名が死亡。日本軍の戦死は三六名、中国側は一般市民をふくめて約三六〇〇名が死亡したとされている（済南事件）。この事件にたいし、国民政府は日本の軍事干渉を強く非難、中国の一般世論も激高して、日貨排斥運動が一段と高まった。

それまでおもにイギリスに向かっていた中国ナショナリズムは、この済南事件を契機に日本に向かうこととなり、排日運動が激化していく。

浜口は、このような事態について、つぎのように田中内閣の責任を追及し、すみやかな撤兵を主張した。

済南事件

前後二回の山東出兵は、「一党一派〔張作霖派〕を援助する」ものとして、中国側の「反感を挑発」し、日本人居留民に少なからぬ「犠牲」を出す結果となった。これは政府の重大な失態であって、居留民保護の方法を誤った「責任」は免れず、早急に撤兵すべきだ、と（「行詰れる局面の展開と民政党の主張」、昭和三年）。

その後、国民革命軍は済南を迂回して北上、北京・天津地区にせまった。

田中内閣はそのような状況をみて、五月一八日、満州の治安維持に関する覚書（五・一八覚書）を、張作霖・蔣介石側双方に通告した。

それは、張作霖に満州への早期の撤退を勧告するとともに、国民革命軍の長城以北への進出を許容しないとの姿勢を示していた。そして、両軍交戦の状態で張作霖軍が満州に退却する場合は、日本軍によって武装解除をおこなう、との警告をふくむものであった。

北伐の進行のなかで、田中首相は、基本的な対中国政策として、こう考えていた。北京をふくめ長城以南の中国本土は、蔣介石ら国民政府による統治を容認する。だが、満蒙については、一種の特殊地域としてそれを認めず、張の勢力を温存し、それによって満蒙での日本の権益を維持する、と。いわゆる満蒙特殊地域論の立場である。

その方針のもと、田中は張作霖に満州への早期撤退を勧告するとともに、もしそれに従わず交戦退却する場合は、日本軍によって武装解除をおこなうとの意思を示したのである。ただ田中は、やむをえず武装解除にいたった場合でも、ある程度は張の勢力を満州に残すつもりであった。

この実行には、条約で駐兵を認められている満鉄付属地の外部となる長城線への大規模派兵、および武装解除のための相当の武力行使を必要とすることが想定されていた。

2　東アジアをめぐる国際環境と浜口の基本姿勢

静観する米英

この満州の治安維持に関する覚書は、明らかに中国への内政干渉をふくむものといえた。だが、アメリカ、イギリスなどは、かつて第一次世界大戦中、日本の対華二一ヵ条要求にたいして示した抗議のような、表立った外交上の動きはみせなかった。

アメリカは、日露戦争後、日本とのあいだで軋轢が生じてきていた。その後、第一次大戦中の大隈内閣の対華二一ヵ条要求にたいして、当時のウイルソン民主党政権ブライアン国務長官から、中国にたいする政治的経済的支配権の獲得を意味するものだとの強い抗議がなされ、日米間の緊張は拡大した。さらに、寺内内閣の援段政策やシベリア全面出兵によって、アメリカ政府の対日不信は増大した。

しかし、原内閣における外交政策の対米英協調への転換によって日米関係は好転しはじめる。アメリカ政府は、自らが提議した新四国借款団に原内閣が加入を決定したころから、対日不信をやわらげはじめ、パリ講和条約、ワシントン会議などによって、紆余曲折をへながらも、日米関係は比較的安定的なものとなってきていた。とりわけ九ヵ国条約、ワシントン海軍軍縮条約の締結は、アメリカの対日観の好転をもたらす重要な契機となった。その後も日米の良好な関係は継続し、田中内閣も対米英協調の姿勢を維持していた。

したがって、アメリカ政府（クーリッジ共和党政権）としても、対中政策について日本との協調を重視する観点から、五・一八覚書を外交上は黙認する態度をとったのである。ただ、政権内部では、ケロッグ国務長官よりマクマレー駐華公使に、日本のいかなる行動にも同調しないよう厳重な訓令がだされるなど、日本政府の動向を注視していた。

イギリスにおいても、ロンドン・タイムスなどの報道機関は、五・一八覚書に批判的な見解を示していたが、ボールドウィン保守党内閣（外相チェンバレン）は事態を静観していた。

対華二一ヵ条要求時、イギリスもアスキス自由党内閣のグレイ外相が、日本にたいして批判的な見解を明らかにしたが、大戦後、アメリカと同様、対日姿勢を変化させ、東アジアでの日本との協調を重視することとなった。ただ、北伐初期におこった南京での国民政府軍による外国人殺傷・略奪事件時に、日本政府（若槻内閣・幣原喜重郎外相）はイギリスの南京市街砲撃要請に同意せず、その後上海共同出兵にも応じなかった。このように日英の足並みは必ずしも揃ってはいなかったが、両国の協調関係は維持されていた。それゆえ、イギリス政府内部でも、日本の対中政策がアグレッシブな方向に変化しているのではないかとの危惧はだされていたが、全体としては、協調維持の観点から静観することとなったのである。

張作霖爆殺事件の衝撃

だが、斎藤恒《さいとうひさし》参謀長ら関東軍首脳は、内閣の方針と異なり、張作霖の下野と日本の実権掌握下で彼に代わる人物を擁立することを考えていた。したがって、早期撤退勧告への同意・不同意にかかわらず、張作霖軍の武装解除を企図して、そのための軍事出動を準備していた。関東軍首脳は、すでに東方会議前から、政友会の森恪《もりつとむ》外務政務次官らとともに、満蒙懸案交渉などにおける張の態度に不満を抱いていた。したがって、張の排除と満蒙における日本の実権掌握下での自治的独立政権による満蒙分離——後の満州国とは異なり中国の主権下でのもの——を主張していたのである。

しかし、張作霖は、田中首相の勧告を入れて満州への撤退を決定した。

これにたいし関東軍首脳は、奉天軍の長城線付近での武装解除を実施するため、錦州への出兵許可（奉勅命令）を陸軍中央・政府にせまった。だが、田中首相の同意をえられず、

張作霖爆殺事件の現場

その企図は実現しなかった。

ところが、奉天軍の満州への引きあげ途中、六月四日午前五時半頃、奉天近郊において、関東軍高級参謀河本大作《こうもとだいさく》らによって張作霖搭乗の列車が爆破された。それにより、まもなく張は死亡した。

このことは田中内閣に大きな衝撃を与えた。その満蒙政策の根幹が崩れたからである。当初、日本側はこの事件を南方派便衣隊（国民革命軍ゲリラ）の仕業と発表したが、日本軍によるものであることが、さまざまのルートから中国をふくめ国際的に知られるようになる。この事件によって、中国民衆や国民政府の対日警戒感は決定的なものとなった。ただ、日本国内では事件の詳しい報道は禁じられ、一般には「満州某重大事件」として伝えられたが、関東軍の一部による謀略であることは戦後まで国民には知らされなかった。

南北妥協延期勧告は拙劣

さて、張作霖の死後まもなく、六月八日、国民政府軍は北京に入り、蔣介石ら国民党は長城以南の中国統一を成し遂げた。また東三省の実権は張作霖の息子張学良《ちょうがくりょう》に移り、その張学良は国民政府との合流すなわち南北妥協の意向であった。

これにたいし田中内閣は、従前の対張作霖方針を踏襲して、長城以南を統一した国民政府と切り離すかたちで、張学良の奉天政府を支援・温存し、これと満蒙懸案事項の解決をはかるべく、七月一九日、いわゆる南北妥協延期の勧告を張学良にたいしておこなった。

この南北妥協延期の勧告について浜口は、「策の最も拙劣なるものでありまして、不用意の甚だしきもの」だとして、強く批判している。すなわち、延期勧告は中国への明白な内政干渉である。また、もし南北妥協がおこなわれ国民政府が中国全土を掌握することとなった場合には、日本は外交上「非常なる苦境」におちいることとなる。しかも、国民政府と張学良はもはや「情意相通」じている形跡があり、南北妥協は早晩実現するだろう、と。

そもそも満蒙における日本の権益について浜口はつぎのように考えていた。満蒙における条約にもとづく権益は日本の安定的発展にとって重要な意味をもつものであり、「自ら衛《まも》る」覚悟をもたなければならない。だが、その決意があれば、「何人が東三省の政権を掌握」しても、少しも恐れることはない、と。

したがって、国民政府の支配が満蒙におよぶのを阻止しようとして、南北妥協を延期させようとする田中内閣の政策には大きな問題がある、とするのである（「行詰れる局面の展開と民政党の主張」、昭和三年）。

このように浜口は、原内閣以来の国際協調は重視し、その路線を尊重する姿勢だったが、原の満蒙政策を踏襲しようとした田中の張作霖との提携方針には、強い批判をもっていた。この点は、原内閣時の満蒙政策と相違するところだったといえよう。ただ、原内閣時と田中内閣時では、国民政府（国民党）による北伐の進行によって中国情勢は統一に向かって大きく変化していた。

そのような中国の政治情勢を念頭に、浜口は国民政府による満蒙をふくめた中国統一を容認する姿勢だったのである。

九ヵ国条約というターニング・ポイント

さらに浜口はいう。

満蒙の「独立」をはかろうとする動きや、そこに日本の「保護権」を設定しようというような動きがとりざたされているが、そのようなことは絶対に容認しえない。東三省をふくめ中国の領土保全は、ワシントン会議での「九国条約」の締結などに明らかなように、日本の対中国政策の基本である。満蒙をめぐる「陰密の政治的策動」によってこの原則が破られれば、「収拾すべからざる国際紛糾」をひきおこし、東アジアの平和維持は困難となるであろう。そのようなことは世界の大勢が許さないし、日本にとっても、大きな損失となる、と(同右)。

これは、言外に張作霖爆殺やその背景にある、関東軍らの自治的政権樹立(満蒙分離)の動きなどを批判するものであり、それにあくまでも対決する姿勢を示すものであった。

ワシントン会議(一九二二年)において、中国の領土保全と門戸開放などを定めた九ヵ国条約が締結され、日本も米英仏伊などとともに加盟国の一員であった。浜口は、それを念頭に置きながら、満蒙地域を中国本土から政治的に分離しようとする動きにたいして、国際的に重大な結果を引き起こすとして強い懸念を表明しているのである。

ちなみに、九ヵ国条約は、国際連盟規約における戦争違法化の方向とともに、二〇世紀世界史にとって重要な意味をもつものであった。それまでの列強諸国による植民地や勢力圏の拡大を、中国に限ってであるが、はじめて条約のかたちで禁止するものであったからである。それは後の植民地や勢力圏そのものの否定につながっていく、一つのターニング・ポイントとなるものであった。

ワシントン会議で締結された条約として、一般には、ワシントン海軍軍縮条約がよく知られている。だが、世界史的観点からすれば、むしろ九ヵ国条約こそ、その後の国際社会の理念と現実に大きな影響を与えたといえよう。それは、国際連盟規約やのちの不戦条約とともに、これ以降の東アジアの国際政治の展開において軽視しえない役割をはたすことになる。たとえば、満州事変から日中戦争へとつづく日本の行動は、関係諸国から九ヵ国条約違反との非難をうけ、日本側もつねにそれに何らかのかたちで対応しなければならなかった。

通商・投資の重要な市場

さて、このように南北妥協延期勧告や満蒙分離の動きを批判したうえで、浜口は、民政党の対中国政策の原則について、こう述べている。中国の国民的統一などその「正当なる国民的宿望」にたいしては可能なかぎり協力し、日本の権益の擁護については、「合理的手段」によっておこなうべきであり、両国の「経済上」の相互関係、すなわち通商・投資など経済的関係の発展を積極的にはかるべきだ、と(同右)。

このような発言の背景には、日中関係の将来についてのつぎのような考えがあった。

「将来外交上の方針を定むるに当たりては、重きを経済上貿易上の利益増進に置かなければなりませぬ。したがって帝国の対支外交は……支那全体、特にその豊饒《ほうじょう》の中心地たる長江流域に対する貿易の伸張に力を尽し、もって両国共通の利益を増進せなければならぬと思うのであります」(「政党内閣試練の時代」、昭和二年)

すなわち、対中国外交は、経済的な視点から、満蒙の権益のみではなく、より視野を広げ、中国全体との関係の緊密化をはかる必要がある。そのことは、日本のみならず、中国にとっても国益にかなうことだというのである。

そのような見方は、つぎのような考えに支えられていた。中国が統一され、「平和と秩序」が回復されれば、「資源」の採取と「産業」の発展が本格的に緒に就き、揚子江流域を中心に日本の通商・投資の重要な市場となるであろう。そのことはまた中国の「繁栄」すなわち産業発達と国民生活の向上に資することとなる。そして、中国社会の発展と繁栄、そこでの産業需要の拡大と「購買力」の増加は、日本の工業にとっても豊かな輸出市場となる。そのことは日本の経済発展と国民生活の安定化に寄与するであろう。なぜなら、日本は「工業発達の程度において支那に数歩を先んじて」いる。それゆえ、中国の産業がその初歩の発達を示すことは、むしろ日本の工業製品にたいする購買力を増加させ、日本の製造工業を振興させることとなる。そう浜口は考えていた。そして、中国の産業化は、日本にとっても有益な結果をもたらすものであり、「決して脅威を受くる」ものではない、と(同右)。

このように、中国が統一され平和と秩序がもたらされ、日中関係が安定していれば、日本の工業にとって「無限の販路」が開かれることとなる、と浜口は考えていたのである(「暗黒政治打開の一戦」、昭和四年)。

以上のことは、中国との経済関係を日本が独占しようとするものではなく、対米英をふくめた国際協調の基本ラインを前提としたうえでのことであった。浜口にとってそれは、九ヵ国条約に示されたような中国の門戸開放、機会均等下での、したがって多国間関係のなかでの、日中の経済的関係の拡大を意味した。それゆえ、米英などとの経済レベルでの競争によって、通商・投資の拡大を追求することが要請された。

このように中国中央部において、純粋に経済レベルでの競争によって通商・投資を拡大していこうとすれば、日本の国際的な経済競争力をさらに上昇させなければならない。中国本土において欧米諸国と本格的に経済レベルで競合しうるだけの、国際競争力をもつ国民経済の編成をつくりあげる。それとともに国際的な経済活動を有利に展開しうる諸条件を整備する。それが必須の課題だった。

後述する浜口内閣期の産業合理化政策や、金解禁による国際的金本位制への復帰、ロンドン海軍軍縮条約の締結による財政負担の軽減などは、そのような狙いをもつものであった。

中国全土の統一

さて、一九二八年（昭和三年）一二月、張学良は東三省の易幟《えきし》（掲揚旗の変更）を実行して国民政府に合流、中国全土の統一が実現した。北伐開始から約二年、田中内閣による南北妥協延期勧告から五ヵ月後であった。この間、同年（一九二八年）一〇月、国民政府が立法・行政・司法などの各機関を整えるかたちで正式に発足し、蔣介石が政府主席となっていた。

浜口は、国民政府による満蒙地方をふくめた中国統一は大きな流れであり、張学良の南北妥協を延期させようとした田中内閣の政策も妥当でない、との考えをもっていた。そのような観点から、東三省易幟の事態をうけて、つぎのように田中内閣の外交的対応をあらためて批判している。

南北妥協延期の勧告は、「現代支那における国民的運動の潮流に逆行」し、その和平統一を妨げる行動であり、いたずらに「支那官民の感情を害し、ながく［両国］国交の将来に累《るい》を残す」こととなった。中国全土統一が成ったいま、肝要なのは、「支那の正当なる国民的宿望」に対して、可能なかぎりその「実現に協力」することである、と（「行詰れる局面の展開と民政党の主張」、昭和三年。「衆議院本会議演説」、昭和四年）。

では、中国の「正当なる国民的宿望」への協力として具体的にどのような内実が浜口の念頭に置かれていたのであろうか。また、先にふれた、日本の権益を擁護するためとりうる「合理的手段」とは、実際にはどのような事態と方法が想定されていたのであろうか。

かねてから国民政府は、中国全土の統一、関税自主権の回復と治外法権の撤廃、さらには租界・租借地・鉄道利権の回収などをその方針としていた。

まず、国民政府による満蒙もふくめた全中国の統一について浜口は、すでにみたように、その実現をむしろ歓迎する姿勢であり、一貫して内政不干渉を主張していた。

ただ浜口は、東三省における「わが権益に対する侵略破壊の行為」がある場合には、我が国民はかたく「自ら衛るの覚悟」を有するとしている。つまり、日本の権益に対する実力回収や破壊行為については、自衛的手段を講じるというのである。それを前提に、この決心がある以上、「何人が東三省の政権を掌握」するも、すこしも恐れることはないとの姿勢をとっていた（「行詰れる局面の展開と民政党の主張」、昭和三年）。

対中国関税問題

一方、関税自主権の問題については、一九二八年（昭和三年）七月、国民政府はいわゆる不平等条約撤廃方針を発表し、関係各国に通告した。

アメリカは、国民政府の不平等条約撤廃声明をうけて、一九二八年七月、米中関税条約を締結して中国の関税自主権を認め、一一月、国民政府を正式に承認した。またイギリスも、一二月に国民政府を正式承認するとともに、英中関税条約を締結して中国の関税自主権を認めた。ただし英中間では少なくとも一年間は、協定税率を採用することが合意された。

これ以前、北京関税会議（一九二五〜二六年）において、中国不確実債務の返済問題などで日米英の足並みの乱れが表面化した。その後、一九二六年一二月、イギリス外相チェンバレンは、中国に輸入付加税二・五パーセントの即時かつ無条件の実施を認める、融和的な独自の対華新政策（クリスマス・メッセージ）を発表。翌年一月、アメリカ国務長官ケロッグも、関税自主権回復・治外法権撤廃について中国と単独ででも交渉に応ずるとの対中政策（ケロッグ声明）を発表していた。中国ナショナリズムの高揚に対処するためであった。

そのような流れから、アメリカ、イギリスは、それまでの英米日共同行動の方向から離れて、それぞれ独自の判断で、中国の関税自主権承認を決定したのである（ただし基本的には英米日の協調関係は維持）。ドイツ、イタリア、オランダ、フランスなどの欧米諸国も、相前後して中国の関税自主権を認めた。だが田中内閣は、日中貿易に大きな影響を与えるとして、なお関税自主権を認めなかった。

この間、国民政府は、北京特別関税会議で合意された税率（七種差等税率）を輸入付加税として実施したいとの意向を各国につたえてきた。欧米各国は基本的に了承したが、日中間では中国側不確実債務の返済について意見が対立し、田中内閣は、そのような新たな税率協定さえ認めなかった。

こうして日本は対中国関税問題についてまったく孤立することとなった。

このような対中関係の行き詰まりと国際的孤立の状況下で、田中内閣は、やむなく方針を転換する。一九二九年（昭和四年）一月三〇日、国民政府の提議に応じ、中国の新関税率（輸入付加税）実施を承認した。しかし、このことは新関税率の実施を認めただけで、中国の関税自主権を承認したわけではなかった。そして、その問題の決着は、つぎの浜口内閣にもちこされることとなる。

関税問題のこのような推移について浜口は、それは田中内閣の外交上の「非常なる失態」であるとして、つぎのように批判している。

新たな関税協定について、その成立に協力すべきはもちろん、むしろ積極的に「支那と列国との間に斡旋」し、早くから協定の成立を「促進」すべきであった。しかし田中内閣は、欧米諸国が中国とのあいだに関税自主権を認める新条約を結んだあとになって、ようやく中国側が提起してきた関税協定をうけいれた。関税問題は、中国の「国民的の宿望の達成」にたいする「同情」を実際に示す「絶好の機会」であった。にもかかわらず、それを空しく逸し、「日支親善の基礎を確立する」一つのチャンスを失った、と（「第五六回帝国議会衆議院本会議」、昭和四年）。

関税問題にかかわる事態の推移と浜口の態度はこのようなものであった。治外法権や鉄道利権などの問題については後にふれる。

不戦条約の批准

一方、この時期いわゆる不戦条約の批准問題がおこっていた。不戦条約は、現行の昭和憲法第九条第一項の「戦争放棄」規定の原型となったもので、その第一条において、「国家の政策の手段としての戦争を抛棄することを、その各自の人民の名において厳粛に宣言す」と規定していた。この条約は、国際連盟規約において本格的な第一歩をふみだした、戦争違法化の方向をさらに進めたもので、一九二八年（昭和三年）八月、パリにおいて世界

不戦条約の批准

主要国間で調印された。
　田中内閣は国際協調の観点から条約締結にふみきった。国内では、条約の内容そのものには大きな異論はだされなかったが、条文中の「人民の名において」の文言が日本の国体に反するとの批判がなされ、ことに枢密院における条約批准過程においてそのことが問題となった。
　浜口自身は、不戦条約批准について立ち入った意見や感想を残していない。ただ不戦条約の内容そのものには、「不戦条約の文面に表明せられたるごとく、現代人類の間に磅礴《ほうはく》たる平和愛好の精神を具体化して、我が外交政策の基調と……することは、じつに吾人に与えられたるところの大なる使命である」として、賛成の意を表している（「当面の国情と金解禁後の対策」、昭和四年）。

だが、民政党はこの問題にかかわって、一九二九年（昭和四年）六月二二日に憲法上問題ありとの党声明を発表し、田中内閣に引責辞任を要求した。このころ浜口はあまり体調がすぐれず、声明文を決定した幹部会には出席していない。だが、事前に原案の提示はうけており、それに承認を与えたものと思われる。この「人民の名において」の文言の問題について、浜口がどのように考えていたかは興味ぶかい問題であるが、それをうかがわせる直接的な資料は管見のかぎりではみあたらない。なお、党声明においても、「不戦条約の趣旨そのものに対しては、満腔《まんこう》の賛意を表する」とされていた。

結局この問題は、政府が「人民の名において」の部分は日本には適用されない旨の留保宣言をおこなうことで決着し、条約は六月二六日に枢密院において批准された。

その間、さきのような内閣の方針転換のもと、同年三月二八日、国民政府とのあいだで、済南事件の処理問題が解決した。また五月二日には、第一次若槻礼次郎内閣期に起こった南京事件や漢口事件（ともに北伐途中に起きた国民革命軍による日本人殺傷略奪事件）の処理案件についても日中間で決着した。そして、六月三日、田中内閣は正式に国民政府を承認したのである。

しかし、七月二日、張作霖爆殺事件の処理をめぐって、天皇から上奏違約を咎められたことをきっかけに、田中内閣は総辞職する。

3　浜口民政党内閣の成立とその内外政策

日米英の協調関係

後任首班について下問をうけた元老西園寺は、ただちに民政党総裁の浜口雄幸を後継首相に奏薦した。前回（田中内閣成立時）と同様、衆議院第一党の内閣が政治的な理由で総辞職した場合、第二党の党首が組閣するとの方針にしたがっての判断であった。

こうして、田中内閣総辞職即日の一九二九年（昭和四年）七月二日、浜口雄幸民政党内閣が発足した。外務大臣幣原喜重郎、大蔵大臣井上準之助《いのうえじゅんのすけ》、内務大臣安達謙蔵《あだちけんぞう》、陸軍大臣宇垣一成、海軍大臣財部彪《たからべたけし》などによって構成されていた。

政権についた浜口は、外交において、ロンドン海軍軍縮会議への参加、中国関税自主権の承認など、対米英協調と日中親善を軸とする国際的な平和協調路線をおしすすめた。それは、原内閣以来の政党政治の外交路線を基本的に踏襲するものだった。

まず、対米英協調の必要性について浜口はつぎのように述べている。

「世界平和の維持増進、文化の発達は……日英米三国の共同の力によりて、これに当らざるべからず。もし非常緊急の理由なくして日本がことさらに三国協調のリングを離れて……英米との国際関係を悪化せしむるときは、わが国は将来種々の関係において国際上いうべからざる窮境に立つべし」(「回訓案決定の件説明原稿」、昭和五年)

このように浜口は、対米英協調を重視し、もし対米英関係を悪化させれば、日本は将来国際的な窮地に立つだろうというのである。たとえば、アメリカ、イギリスとの関係は、対中国問題を処理するうえで重要な意味をもつものと位置づけられていた。また建艦競争による財政負担増加の回避などのためにも、対米英協調は不可欠なことと考えられていた。

そして実際に、米英をはじめ世界の主要な国々との関係は現在かなり良好なものとなってきており、外交関係は「今や極めて順調」な方向に進んでいると浜口はみていた。

前述したように、ワシントン会議以来、米英との関係は好転し、東アジアでの日米英の協調関係は安定化していた。

日本側は、原敬内閣以来、米英の国際社会での圧倒的影響力から、両国との協調を求め、良好な関係を維持しようとしてきていた。

またアメリカ、イギリスも、東アジア秩序の安定の観点から、当該地域に軽視しえない影響力をもつ日本との協調を強く望んでいた。両国は、中国ナショナリズムの激発をコントロールし、ワシントン体制下の国際秩序に中国を組み入れていくためには、ワシントン体制の一翼をになう日本の協力を不可欠としていたからである。

このような米英の対日姿勢は、後述するロンドン海軍軍縮問題での重要な局面でも表れる。

満蒙問題の一時棚上げ

つぎに、対中国政策について、かねてから浜口は国民政府による満州をふくめた中国全土の統一と統治を、積極的に容認していた。そして、現実に田中内閣末期、国民政府は、張学良の合流により満蒙をふくめて中国統一を実現させた。また、米英などと同様に日本も国民政府を正式に承認した。だが、山東出兵、済南事件、張作霖爆殺事件などによって、日中関係はなお厳しい状況におちいっていた。

浜口は、そのような状況を念頭に、対中国政策に関しつぎのように述べている。

日中間のこれまでの関係を刷新して「善隣の誼」を厚くすることは「刻下の一大急務」である。中国にたいする日本の「友好的協力」の方針は貫徹されなければならない。また日中両国間の懸案についても、双方ともに「中正公平なる調和点」を求めざるをえない。日本政府の求めるところは日中間の「共存共栄」である。ことに両国の「経済関係」は、「自由」な「発展」を期さなければならない。日本は中国のいずれの地方においても「一切の侵略政策を排斥する」のみならず、さらに進んでその「国民的宿望の達成」に友好的協力を与える覚悟をもっている。しかし、日本の「生存または繁栄」に欠くべからざる「正当かつ緊切なる権益」については、それを維持することがまた政府の当然の職責である、と（「施政方針に関する首相声明」、昭和四年）。

それは、これまでみてきたような対中国政策についての浜口の基本姿勢をあらためて表明したものであった。

このような観点から、浜口内閣は、田中内閣期に悪化した日中間の関係を改善するため、まず、これまで両国間の緊張の原因となってきた満蒙問題を一時棚上げにした。そして、関税自主権問題など国民政府とのあいだで懸案となっている解決可能な事柄を処理する方針をとった。それによって両国間の感情をひとまず緩和していこうとしたのである。

こうして浜口内閣は、組閣まもなく、中国の関税自主権を承認する方針を閣議決定した。その後、佐分利貞男《さぶりさだお》駐華公使の変死などで本格的な交渉開始が遅れるが、一九三〇年(昭和五年)五月、中国の関税自主権回復を認める協定が、日中間で正式に調印された。

このように対中関係改善の観点から、懸案だった中国関税自主権の承認がなされたのである。また治外法権についても、浜口内閣は、段階的撤廃をはかる方針を決定した(ただし中国側の事情で、本格的な交渉に入るのは次の第二次若槻内閣時となる)。

その後、満蒙問題についても、従来のような日本からの借款による鉄道新設を強要するような政策はとらず、むしろ中国側の自弁鉄道建設を積極的に支援する。また満鉄に大きな打撃を与えるような中国側路線の新設は認めないが、すでに敷設された満鉄平行線については、満鉄線との運輸連絡・運賃協定を締結するかたちで容認する、など対中融和的な方針が立てられた。これまでの政府は、満鉄平行線について、日中間の取り決めに反するとして抗議してきていたが、それを条件付きながら許容する方向に転換したのである。

このような政策は、先にもふれたように、中国全土での通商・投資を拡大するため、国民政府との友好関係を重視する観点からのものだった。

国民政府側も、浜口や民政党が田中政友会内閣の強硬な対中国政策に批判的だったことなどから、対中政策の変化を期待し、対日対抗姿勢をひかえるスタンスをとった。そして、組閣直後に北満州で中ソ紛争が勃発したこともあって、国民党中央部による排日禁止命令がだされ、日貨排斥運動は下火となる。また国民政府外交部長王正廷《おうせいてい》も、「浜口内閣成立以来、幣原外相は毅然として田中内閣当時の態度を改善し、中日邦交に利するところ実に多し」(『日本外交文書』昭和期I)、との評価を表明していた。これらによって田中内閣期に打撃を受けた日本の対中貿易はしだいに回復してくる。

金解禁と産業合理化政策

さらに、内政において浜口内閣は、世界金本位制への復帰によって貿易の安定化をはかるとともに、産業構成の高度化によって国民経済の国際競争力を強化しようとした。世界金本位制への復帰のためにとられた政策が、「緊縮財政」と「金解禁」であり、産業構成の高度化のための方策が、「産業合理化政策」であった。ちなみに、第一次世界大戦を契機に、各国は金本位制から離脱したが、その後、米英仏など主要な国々は金本位制に復帰していた。だが日本は、震災恐慌や金融恐慌などのために復帰が遅れ、為替変動のため貿易上不利な状況にあったのである。また、機械化や経営規模の拡大などの「産業合理化」による経済的国際競争力の強化は、原と同様、その対中国政策からして必須の要請だった。

これらを通じて、非軍事的なかたちでの市場拡大、とりわけ中国との経済交流、通商投資の拡大を進め、日本経済の発展と国民生活の安定をもたらそうとしたのである。なお、「緊縮財政」は、増大する累積国債発行高に対する財政再建のねらいもふくまれていた。

このような浜口内閣の内外政策は、いわゆる幣原外交、井上財政として知られているが、首相就任以前からの浜口の考えでもあり、浜口はそのような自らの構想にしたがって、幣原・井上を外相・蔵相に起用したといえる。

さらに浜口は、ロンドン海軍軍縮条約を締結することによって軍縮を推進し、軍事費を削減して財政負担をおさえるとともに、平和的な国際協調へのリーダーシップをとろうとした。そしてこの時点で、日本はアメリカ、イギリスとならんで国際社会をリードしていく国の一つとなったのである。

また、金解禁や産業合理化が社会不安をもたらさないよう、一種のセーフティネットとして、労働組合法や小作法の制定、失業対策などの社会政策を実施しようとした（拙著『浜口雄幸』参照）。

このように浜口は、基本的な国策の方向としては、いわば平和的な交易型産業国家の道を推し進めようとしたのである。それは、原の政策を継承し、さらに浜口独自の観点から発展させたものであった。

これらの政策は、国民にも好意的に受け止められ、一九三〇年（昭和五年）二月の衆議院総選挙では、民政党は二七三議席（九九議席増）を獲得して、総議席数四六六の過半数を超えた。政友会は一七四議席（六五議席減）であった。

4　国際連盟重視とロンドン海軍軍縮条約の締結

第一次世界大戦という契機

ところで、このような浜口の内外政策は、彼独自の国際認識と関連していた。その重要な契機は、第一次世界大戦だった。

第一次世界大戦は、戦車、航空機など機械化兵器の本格的な登場によって、いわゆる機械戦となり、あらゆる人的物的資源を総動員して戦争をおこなう国家総力戦となった。そして、今後、列強間の戦争は不可避的に国家総力戦となり、同時にまた長期にわたる世界戦争となっていくことが予想された。

浜口も、第一次世界大戦以降もし列強間に戦争が起これば、それは高度の工業生産力と膨大な資源を要する国家総力戦となるとみていた。しかし、浜口は財政・経済力・資源の現状からみて、もし次期世界大戦が起これば、日本はきわめて困難な状況におちいると判断していた。

たとえば、ワシントン海軍軍縮条約について、浜口は、基本的には、「我が国前途のため、まことに天来の福音ともいうべく、吾人は双手をあげてこれに賛成せざるべからず」としていた。かねてから、大戦後も列国なみに戦争を前提とした軍備を拡張していくことは、「とうてい国力の許さざるところ」だとの認識をもっていたからである。海軍戦備だけをとっても、国力の関係上「たとえ一切の事を犠牲に」しても、米英には太刀打ちできない、と。軍備という「不生産的の事柄」に注ぎ込むべき経費を節減し、これを生産的文化的な方面に振り向ければ、国民の「苛重なる負担」を軽減することとなる。それゆえに浜口は、軍縮条約によって、「世界的平和のもとに文化的生産的の発展を世界とともに享有するに至らんことを切望する」、との姿勢であった(『憲政』、四巻二号。『太陽』、二二巻八号、二八巻一号)。

したがって浜口は、戦争抑止の観点から、次期大戦の防止を主要目的として創設された国際連盟の存在とその役割を重視していた。

「今日帝国の列国間における地位に顧《かんが》み、進んで国際連盟の活動に協戮《きょうりく》し、もって世界の平和と人類の福祉とに貢献するは、我が国の崇高なる使命に属す。政府は国際連盟を重視し、その目的の遂行に鋭意努力せんことを期す」（「施政方針に関する首相声明」、昭和四年）

国際連盟の存在とその役割を重視し、日本としてもその活動に積極的に協力し、世界の平和維持に貢献していくことが、重要な使命だというのである。

東アジア平和維持のための国際機関

浜口は早くから、第一次世界大戦は「全世界の人類に未曾有の惨禍」をもたらし、その教訓から国際連盟が、「人類永久の平和を目的」とする「世界人類最初の試み」の機関として創設されたとの認識をもっていた。したがって、もしそれが機能しなくなれば、「世界を挙げて一大修羅場たらしめ、人類の不幸はこの上もない事になる」可能性があると考えていた（「戦後の経済問題」、大正七年。「衆議院本会議演説」「同予算委員会演説」、大正一〇年）。その意味で浜口は連盟について、世界の安全保障システムとして次期大戦防止のため重要な役割をになっており、国際社会の安定にとって枢要なものとして位置づけていた。

国際連盟は、次期大戦の防止を最優先の課題とする、グローバルな集団的安全保障のための国際機関であった。それは、国際紛争の平和的解決を加盟国に義務づけ、戦争を違法なものとして原則的に禁止するとともに（戦争違法化）、その違反にたいしては共同の制裁処置を定めた。すなわち、連盟による一定の法的規制力によって国際紛争の平和的解決をはかり、大戦の要因となる国家間の戦争を防止しようとするものであった（本書一三二〜一三五頁参照）。ちなみに連盟発足以前は、国際法上、戦争は国際紛争を解決する正当な手段の一つと考えられていた。

浜口にとって、このような目的と役割をもつ連盟の存在は、国際社会なかんずく東アジアの安定維持の観点からも、重要な意味をもつものであった。

前述のような浜口の政策を遂行し、それをベースに日本の長期的発展をはかっていくには、国際社会とりわけ東アジアにおける平和維持、そこをめぐる国際環境の安定が必須だったからである。そのことが彼の全政策体系実現の前提となっていた。

世界の破滅を防ぐとの普遍的関心のみならず、そのようなナショナル・インタレストの観点からも、国際連盟の存在とその平和維持機能は、重要なものとして位置づけられていた。

それゆえ浜口は、連盟の活動に積極的に協力し、「世界の平和と人類の福祉」とに貢献することは日本の「崇高なる使命」だとして、連盟重視の姿勢を示していたのである。

その意味で、浜口の連盟重視は、国家理性の観点、すなわち国際社会における日本の歴史的政治的位置についての独自の考察から導かれた、長期的な国民的利害《ナショナル・インタレスト》の観点からのものだった。したがって、すぐれて現実主義的な判断によるものであったといえよう。

一般に、日本は、政党内閣期もふくめて、国際連盟には消極的であったとされている。だが、少なくとも原や浜口は、次期大戦防止、国際社会および東アジアの平和維持の観点から、連盟の役割を重視していた。

ロンドン海軍軍縮会議への参加

そのような見地から浜口は、かねて連盟規約第八条（軍備縮小規定）との関連でも議論されていた軍縮問題について、組閣当初から積極的に対応しようとしていた。それは、よく指摘されているような軍事費の削減や対米英協調の面からだけではなく、連盟を核とする平和構築の観点からのものでもあった。そして、組閣後まもなくロンドン海軍軍縮会議への参加を決定したのである。

したがって浜口は、ロンドン海軍軍縮条約問題をことに重視していた。

たとえば、その遺稿『随感録』の「自序」において、「ただの随感雑録であるから、政治上の記事を目的としない」としながらも、ロンドン海軍軍縮条約の締結については、

「倫敦《ロンドン》会議の目的たる世界平和の樹立に依《よ》る建艦競争の危険の防止と、国民負担の軽減とを、二つながら成功せしめたことは、聊《いささ》か余の満足するところである」

と、特にふれている。

また本文においても、ロンドン海軍軍縮条約批准を記念する自らのラジオ演説を、「軍縮放送演説」、として全文収録している。

そして、その条約締結問題が大きな政治的争点となっていたころ、浜口はこう述べている。ロンドン海軍軍縮条約の締結は、「自分が政権を失うとも、民政党を失うとも、また自分の身命を失うとも、奪うべからざる堅き決心なり」、と。

これらから、浜口自身にとって、ロンドン海軍軍縮条約が、とりわけ重要な比重をもっていたことがわかる。

そこで、以下、浜口にとってロンドン海軍軍縮条約問題がどのような意味をもっていたのか。さらには、そのバック・グラウンドとなっている彼の国際秩序構想はどのようなものであったのか、をみていきたい。

浜口の政治構想の核心

ロンドン海軍軍縮条約問題は、浜口にとって、じつは一般に考えられている以上に重要な意味をもっていた。彼の政治構想の核心的位置を占めるものであり、さらに「安全保障」（「強く正しく明るき政治」、昭和五年）の問題とも深く関わっていた。

さて、さきの『随感録』では、ロンドン海軍軍縮条約締結による列強間の建艦競争の停止は、国民負担の軽減に資するばかりでなく、「世界平和の樹立」と関わりがあることが示されている。国民負担の軽減とは、軍縮によって軍事費が削減され、国家財政への負担が減少することを意味する。実際、ワシントン海軍軍縮条約による主力艦（戦艦・空母）の軍縮によって、国家財政に占める軍事費の割合は、五〇パーセント近くから二七パーセントにまで減少してきていた。

だが、軍縮がなぜ世界平和と関連するのだろうか。列強間の軍備が縮小されることは、必ずしも戦争そのものの危険が減少することを意味するわけではない。では、どのように浜口は軍縮を世界平和と関連づけ、なぜロンドン海軍軍縮条約をことさらその面からも重視したのだろうか。

それは浜口の政治構想全体、ことに彼の国際秩序認識、安全保障構想と深く関係している。このことは、あまり知られていないので、少し立ち入って述べておこう。

パワー・ポリティクスを超える国際秩序

浜口は、『随感録』所収の「軍縮放送演説」でつぎのように述べている。

「ロンドン海軍条約は人類の文明に一新紀元を画したるものであります。現在の世界は、列強互《たがい》に相敵視して、動《やや》もすれば力に訴えてまでも自国の利益を開拓せんとしたる所謂《いわゆる》『冒険時代』を既に経過しまして、今や各国互に相信頼して共存共栄を計る所の『安定時代』に到達して居るのであります。今回のロンドン海軍条約は……国際的平和親善の確立に向って大なる一歩を進めたるものでありまするが、我々は今後益々この崇高なる事業の進展を切望してやまざるものであります」

すなわち、これまでの国際社会は、力によって自国の利益を追求する、いわばパワー・ポリティクスの貫徹する世界であった。だが、いまやそれを乗り越え、各国が平和的に「共存共栄」する新しい国際秩序が形成されつつあり、ロンドン海軍軍縮条約はそれにむけての「大なる一歩」だ、というのである。

つまり浜口は、従来のパワー・ポリティクスを超える新しい国際秩序を追求し、ロンドン海軍軍縮条約をそのための重要な一環だと考えていたといえる。

では、どのような意味で、浜口はロンドン海軍軍縮条約をそのように位置づけたのだろうか。また、なぜ浜口はパワー・ポリティクスを超える新しい国際秩序を求めたのだろうか。

このようなロンドン海軍軍縮条約の位置づけは、前述したような浜口の政治構想や国際連盟評価と関連していた。

国際連盟を軸とした「世界平和の保障」

浜口は、そもそも「軍備縮小の実現」は、国際連盟の「重要なる使命」の一つだと考えていた。浜口のみるところ、一九二〇年（大正九年）の連盟加盟、翌年のワシントン会議への参加、さらには今回のロンドン軍縮会議も、「世界平和の確立」に貢献するためであった。

すなわち、浜口において軍縮は、よくいわれているような財政的観点（軍事費負担の軽減）や対米英協調のみならず、連盟を軸とする世界の平和維持との関係を強く意識したものだったのである（この点は、後述する永田との対比において興味深い）。浜口は海軍軍縮によって、国民負担を軽減するとともに、国際協調をより安定的なものとし、さらには

「競争的軍備に伴う危険」を防止することによって「世界平和の保障」をいっそう強固なものにしたいとの姿勢であった（「ロンドン海軍軍縮条約批准に関する首相声明」、「強く正しく明るき政治」、昭和五年）。

このような浜口の平和維持の観点からする連盟重視の姿勢が、ロンドン海軍軍縮条約締結への強い決意とかかわっていた。

いうまでもなく連盟は、旧来の単なる大国間協調とは異なるレベルの、一定の強制力をともなうまったく新しい型の集団的安全保障システムである。そして、浜口自身も、大国間協調としての対米英協調と、連盟重視とは、重要な関連をもつが性質を異にする問題として区別して論じており、そのことはじゅうぶん承知していた。

日米英のあいだでの妥協

さて、ロンドン海軍軍縮会議は、一九三〇年（昭和五年）一月から、米英日仏伊の五ヵ国間で開かれた。一九二二年（大正一一年）のワシントン海軍軍縮条約において、主力艦（戦艦・空母）についての軍縮協定は締結された。だが、巡洋艦や駆逐艦、潜水艦などの補助艦艇についての協定締結は残された課題となっていた。ロンドン海軍軍縮会議では、さらに軍縮を進めるため、この補助艦艇についての協定締結が議題とされたのである。

ロンドン海軍軍縮会議（英首相官邸。前列左から３番目より若槻全権、マクドナルド英首相、財部海相）

日本は、全権として若槻礼次郎元首相、財部彪海軍大臣らを派遣した。その間、浜口が不在の財部海相にかわって臨時海相事務管理についた。名義上は事務管理であるが、実際には軍令事項を除いて海軍大臣のすべての職務を代行するものであり、海軍次官以下海軍省を指揮統括する権限をもっていた。これは将来の文官軍相制への布石とするねらいをふくんでいた。

前年一一月、浜口内閣は、海軍の要請にもとづいて、日本の基本的要求として、いわゆる三大原則を決定し、一般にも公表された。三大原則の内容は、補助艦艇総括対米七割、大型巡洋艦対米七割、潜水艦現有量七万八五〇〇トンとするものであった。大型巡洋艦は、戦艦・空母に準ずる戦闘主力として、潜水艦は、アメリカ艦隊の渡洋攻撃にたいする邀撃《ようげき》作戦に必須のものとして、ことに重視されていたのである。ちなみに、アメリカの主張は、日本の補助艦総トン数対米六割、大型巡洋艦対米六割、潜水艦全廃であった。

会議での議論は難航したが、紆余曲折をへて、アメリカ、イギリス、日本の三国代表団のあいだでほぼ妥協が成立。三月一四日、日本全権団は本国政府にたいして条約締結の請訓（要請）をおこなった。なお、フランス、イタリアは、おもに対英比率の関係などで合意に達しなかった。

請訓において示された協定案の主要な内容は、補助艦艇の総トン数対米比率六割九分七厘五毛、一万トン級八インチ砲大型巡洋艦対米六割、潜水艦日米均等五万二七〇〇トン、米英間は全体としてほぼ均等とするものであった（条約期限は一九三六年まで）。

これは実質的には、総トン数ではほぼ日本の主張を容れ、大型巡洋艦ではアメリカの主張に従い、潜水艦では日米の要求の半ばとし、全体として両国の主張の中間をとったものだった。

浜口・若槻・幣原ラインへのアメリカの好意

一般には、このときアメリカは、日本側の主張を圧伏させることによって、東アジアにおける日本の影響力を削減し、その弱体化を図ろうとしたとの見方がある。

だが、アメリカ全権スティムソン国務長官は、日本国内の政治状況への判断などから、浜口・若槻・幣原らのラインに好意的なスタンスをとっていた。そして、彼らを困難な状況に追いこまないよう配慮し、可能なかぎりの譲歩をおこなおうとしていた。スティムソンは、日本国内の政治潮流として、浜口・若槻・幣原ら国際協調のラインのみならず、軍事に傾斜した膨張主義的なグループがなお相当な政治的影響力をもっているとみていた。そのような軍事的膨張主義の方向は、中国の主権尊重と門戸開放を脅かすと考えていたからである。そのことは、アメリカの東アジア政策と正面から衝突するものであった。

また、米英ともに、日本がかつての対華二一ヵ条要求のようなアグレッシブな大陸政策をとらないかぎり、東アジア秩序の安定の観点から、当該地域に軽視しえない影響力をもつ日本との協調を強く望んでいた。中国ナショナリズムの激発を抑制し、ワシントン体制下の国際秩序に国民革命後の中国を組み入れていくためには、日本の協力を不可欠としていたからである（入江昭『極東新秩序の模索』）。

じつは大型巡洋艦についても、条約の明文によって、アメリカは一九三六年までは日本の対米比率が七割を下回るような保有ができないようになっていた。日本一二隻にたいして、アメリカは当面一五隻とし、一九三三年から毎年一隻計三隻を起工することができるが、三六年までは第一六隻目を竣工（完成）できないと定められていたからである。

スティムソンらアメリカ側は、この件についても、公式には対米六割としながらも、浜口内閣への先のような姿勢から、実質的には大幅に日本側の主張に譲歩していたといえよう。

請訓を受け取った浜口首相は、臨時海相事務管理として山梨勝之進《やまなしかつのしん》海軍次官を召致し、海軍部内の意見をまとめるよう命じた。当時海軍首脳は、海軍省の財部海軍大臣、山梨次官、海軍軍令部の加藤寛治《かとうひろはる》軍令部長、末次信正《すえつぐのぶまさ》次長らによって構成されていた。ただ、財部海相は、軍縮会議の全権として不在であり、前海相の岡田啓介《おかだけいすけ》軍事参議官が山梨を助け、海軍内の調整にあたった。

海軍をふくむ国内諸機関との調整をへて、浜口内閣は、四月一日に妥協案による条約締結を閣議決定。四月二二日、日米英のあいだで軍縮条約が調印された。

しかし、その後この条約調印は、枢密院における条約批准までのあいだ、おもにその内容と手続きをめぐって大きな政治問題となる。事態は、内閣、外務省、海軍のみならず、民政党、政友会、貴族院、枢密院、陸軍、民間右翼など、当時の主要な政治勢力のほとんどすべてを巻き込んで、深刻な政治抗争に展開していく。

そのような意味で、ロンドン海軍軍縮条約問題は、戦前政党政治の内外政策の総決算というべきものでもあった。

5　平和維持に関する多層的多重的条約網の形成

内閣と海軍軍令部の対立

対立軸は、協定案を容認する内閣と、協定案に不満をもち調印後に反対の態度を明らかにした海軍軍令部とにあった。海軍省、民政党などは内閣側に立ち、政友会、枢密院、民間右翼などは軍令部を支持した。

手続き上の問題では、軍令部の意向に反して強行された条約締結は「統帥権干犯」だ、とする内閣への批判が起こった。これにたいして浜口内閣は、軍令部の意向はじゅうぶん斟酌し総合的な判断から内閣の責任において条約に調印したものであり、何ら統帥権を侵していないなどと反論した。

この手続き上の対立が、政治紛争の中心的な論点となったが、本書の主題からみて重要なのは、内容上の対立である。

条約締結に反対する加藤寛治海軍軍令部長らは、日米戦の現実的可能性を想定しており、対米戦に対応できるだけのじゅうぶんな軍事力がなければ、安全保障上問題があると考えていた。じゅうぶんな対米応戦力を欠く状態では、かりに対米戦となった場合に戦争遂行の見通しがたたない。それればかりでなく、平時においても、むしろアメリカの攻撃を誘発する可能性を高め、かつ東アジアへの介入を容易にすることとなる、と。加藤は、今後中国で利権の獲得をめぐって日米間で争いが起こり、軍事的緊張関係が生じる可能性があるとみていた。

このような観点から、条約の兵力量では問題があり、国家の安全保障が、内閣の考慮している対米英協調や財政的考慮に優先すると主張した。海軍内部（軍令部・海軍省をふくめ）では一般に、対米戦を実際に想定すれば、三大原則は軍事戦略上必要不可欠なことと考えられていたのである。

たしかに浜口はこう述べていた。

条約案は米英側における「最終譲歩案」として出されたものであり、これを拒否すれば交渉決裂となり、日米英の国交に悪影響をおよぼすこととなる。日本と米英両国とのあいだには、これからも協調を要する多くの重要案件があり、交渉決裂は、そのような問題の処理に大きな障害となる。

また会議決裂の場合、アメリカでは海軍建造法によって大型巡洋艦二三隻の建造が定められており、その竣工を急ぐことになる。のみならず、すでに合意に達している、ワシントン海軍軍縮条約での主力艦についての代艦建造禁止協定の延長も取り消しとなり、アメリカは主力艦の代艦建造も開始するだろう。

その結果、日本は補助艦対米七割の建造を実行するだけでなく、主力艦の建造にもとりかからなければならない。それは財政上きわめて困難であり、とうてい日本の「国力」では堪えきれない。

また日米間の関係悪化は、「通商、経済、金融の関係」にも障碍をきたし、「国力総体のうえからみて日本の「国際的地位」は低下するであろう。したがって、「広義における我が国防上の憂慮」はかえってますます増加することになる、と（「ロンドン海軍軍縮条約枢密院審査」、昭和五年）。

すなわち、妥協案による条約締結の理由として、対米英協調や財政的考慮をあげていたのである。

だが、浜口が条約締結を決断したのは、このような対米英協調と財政上の理由からだけではなかった。浜口自身、安全保障の観点からみても、締結された条約の兵力量で、「帝国の国防は極めて安固である」との判断に立っていた。

それはなぜだろうか。

平和維持システムの重要な一環

この問題にかかわる浜口の認識と姿勢はつぎのようなものであった。

日本は、「世界平和の確立」という国際連盟の趣旨に賛同し、その目的から、ワシントン会議にも参加した。その後、連盟の軍備縮小の課題を引き継ぐかたちで、ロンドン海軍軍縮会議が開催された。したがって、ロンドン海軍軍縮条約の成立は、国民負担の軽減や対米英協調とともに、連盟の趣旨である「世界の平和を確立」することに多大な「貢献」をなすものである。

しかも、一九二八年（昭和三年）に締結された不戦条約は、「戦争を絶対に否認したるもの」であり、この条約に違反するものは「全世界を敵とする」ことになる。その場合、世界の各国は「侵略せられたる国」を援助するであろうし、条約違反国の行動を傍観することはないであろう（「軍縮放送演説」、昭和五年）。

このように浜口は、世界の平和維持という国際連盟の役割を重視し、ワシントン会議、ロンドン海軍軍縮会議などもそのような連盟の役割と関連させて位置づけていた。また、同様の観点から不戦条約成立の意味も積極的に評価していた。

すなわち、浜口においては、ロンドン海軍軍縮条約が、国際連盟、ワシントン海軍軍縮条約、九ヵ国条約、不戦条約などによる、平和維持システムの重要な一環と考えられているのである。いいかえれば、国際連盟の存在を軸に、それら多層的多重的条約網の形成による平和維持システム、戦争抑止システムの構築が、きわめて意識的に追求され、ロンドン海軍軍縮条約は、その大きな画期となるものとして位置づけられていたといえる。

このことは明らかに安全保障の問題とも関わっていた。

つまり、安全保障の問題について、浜口は、自国の軍事力のみならず、国際連盟の存在と、平和維持に関する多層的多重的な条約網の形成による戦争抑止システムの構築によって対処しようとしていたのである。そして、そのような対処は可能であるし、これまで述べてきた国際的国内的諸条件の総合的な判断から、そうすべきだとの観点に立っていた。それが、海軍軍令部の三大原則必須論にたいして、浜口が、条約の兵力量で安全保障上も問題はないと判断した大きな理由の一つであった。

九ヵ国条約の役割

これらの多層的多重的条約網のなかで、浜口は、国際連盟の存在とならんで、とりわけ中国の領土保全と門戸開放に関する九ヵ国条約（米英日仏伊中ほか）の意味を重視していた。

すでにふれたように、九ヵ国条約は、一九二二年（大正一一年）、ワシントン会議において締結されたもので、列強諸国による植民地や勢力圏の拡大を、中国に限ってであるが、はじめて条約のかたちで禁止したものであった。

浜口は、それが中国での国際紛争を防止する役割をもっていると考えていた。また当時一般に、中国での列強間での国際紛争の勃発は、次期大戦を誘発する可能性をもつものの一つとみられていた。九ヵ国条約は、一面で、中国に門戸を開放させ、各国に均等な通商投資などの機会を与えようとするものであった。だが同時に、中国の領土を保全することによって、中国の安全保障をはかるとともに、列強間の中国をめぐる紛争を回避し、次期大戦を防止する機能も想定されていた。その意味で、仮想敵を締結国集団の外部に想定しない締結国間の相互安全保障システムであったともいえよう。

国際連盟下の安全保障システムとしては、ヨーロッパのロカルノ条約（一九二五年）が知られている。九ヵ国条約は、ある意味で、東アジアにおいて、それに対応するものであり、平和維持機能において連盟を補完する存在であった。それゆえ、浜口はその役割を重視していたのである。

実際に、ワシントン会議で締結された条約のなかでも、世界史的にみて、九ヵ国条約はとりわけ重要な意味をもっており、その後の国際社会のあり方に大きな影響を与えた。

「戦争放棄」規定の原型

また浜口は、不戦条約の意味も重視していた。

田中政友会内閣時に調印した不戦条約は、実際には浜口内閣時に発効した。この条約発効について浜口は、「世界平和のため人類幸福の上に慶賀に堪えざるところである。……その目的たる国家政策遂行の手段としての戦争放棄を永遠に遵守して世界平和の実を挙げんことを余は衷心より希望するものである」、との談話を発表している（昭和四年七月）。

この不戦条約（別名ケロッグ・ブリアン協定）は、現行の昭和憲法第九条第一項の「戦争放棄」規定の原型ともいえるものである。

現行憲法の戦争放棄規定は、一般には、第二次世界大戦の反省からはじめて考え出されたものと理解されがちだが、じつは戦前政党政治の時期に日本自身も加わって締結された国際条約を一つの重要なベースとしているのである（ただし、第九条第二項の戦力不保持の規定は、また別の要因による）。

なお、浜口も、連盟の戦争防止システムや制裁システムがかならずしも十全ではないことは、当然承知していた。たとえば、アメリカは加盟しておらず、また連盟理事会の制裁に関わる正式決定は全会一致制（ただし被制裁国は除外）となっていた。さらに、制裁手段は陸海上完全封鎖とそれにともなう武力行使までであった。

だが浜口は、そのように戦争防止手段がかならずしも十全でないことは、連盟の平和維持機能を補完する多層的多重的な条約網によってカバーできると判断していた。したがって、ロンドン海軍軍縮条約締結も、財政負担の軽減や対米英協調のためだけでなく、連盟および戦争抑止にかかわる条約網の存在を前提とし、その強化を意図するものだった。それゆえまた、浜口は、海軍軍縮条約が「競争的軍備にともなう危険」を防止することによって、「世界平和の保障」をいっそう強固なものにしうるとの認識に立っていたのである。

加藤軍令部長らは、実際の日米戦を想定し、純粋にパワー・ポリティクス的な観点から、協定の兵力量では不足だとして条約に反対していた。

だが、浜口は、連盟やそれを補完する条約網によって、パワー・ポリティクスを超える国際秩序、連盟を軸とする新しい国際秩序の形成を意識的に追求しようとしていたのである。したがって、軍縮問題を、かならずしも、加藤らのように実際の日米戦争に軍事的にどう対応するか、という観点からは考えていなかった。ロンドン海軍軍縮条約は、パワー・ポリティクスを超える新たな国際秩序の形成上の重要な画期と位置づけられ、安全保障の問題もその形成を考慮に入れて判断されていたのである。日米妥協案による条約締結も、そのような観点から判断されていた。

6　国家総力戦の時代における現実主義

総力戦回避の要請

浜口が条約の兵力量で安全保障上問題ないとしたのは、つぎのような事情も考慮に入れられていた。

当時、第一次世界大戦の経験によって、今後、近代工業国間の全面戦争は、膨大な人員と物的資源を投入した長期の国家総力戦となり、そのコストや犠牲は、どのような戦争目的をも超えるものになることが明らかとなっていた。つまり、第一次大戦後、国家総力戦となるような戦争は、ナショナル・インタレスト（国民的利害）に反する状況となってきていたのである。列強諸国にとっても国家理性の観点からして国家総力戦となるような戦争の回避は必須の要請であった。

したがって、当面の応戦能力と、長期の国家総力戦を遂行しうる国力を有していれば、その点から対外的に戦争抑止の効果があると考えられていた。

浜口も、対米軍備は一種の抑止的な効果のレベルに達していれば、外交・財政をふくめた総合的な見地から、それで可としなければならないと判断していたのである。海軍軍令部は、実際に日米戦となった場合を想定し、条約兵力量では不足だとして反対していた。

それにたいして浜口は、国家総力戦認識の観点からみて抑止効果をもちうる一定の軍備と国力を備えていれば、ある程度戦争は防止できるとの見地に立っていたのである。実際の日米戦を想定し、そこでの勝敗の可能性判断から対米戦備を決定する必要はないと考えていたといえよう。

なお、加藤らは対米戦として、具体的には二年程度の短期戦を想定しており、かならずしも長期にわたる国家総力戦を念頭には置いていなかった。したがって海軍の戦闘形態としては、日露戦争の勝敗を決した日本海海戦のような艦隊決戦を想定し、そのための装備(兵力量)を要求していたのである。

安全保障の方法をめぐる対立

また浜口内閣による条約調印を受け入れた、財部彪海相、山梨勝之進海軍次官ら海軍省側は、つぎのような、ワシントン海軍軍縮会議での全権代表加藤友三郎海相の考え方を踏襲していた。

加藤友三郎はいう。さきの「欧州大戦」後、国防は「国家総動員」によらなければならなくなった。ゆえに、一方では「軍備を整うる」と同時に、「民間工業力」を発達させ、貿易を奨励し、「真に国力を充実する」ようにしなければならない。しかし、そのためには資金が必要で、アメリカ以外に「日本の外債に応じうる国」はみあたらない。したがって、「日米戦争は不可能」で、日本は「米国との戦争を避ける」必要がある、と（「加藤全権伝言」、大正一〇年）。

すなわち、国家総力戦認識からくる日米不戦論である。加藤友三郎はこのような観点から、当時主力艦の対米六割を受け入れたのである（当初の日本側主張は対米七割）。

つまり、財部や山梨、さらには国内で山梨をサポートしていた岡田啓介前海相などは、かならずしも対米戦の現実的可能性を実際には想定していたわけではなかった。そのような観点から、浜口と同様、対米軍備は一種の抑止的な効果のレベルでもやむをえないとみていたと思われる。したがって、もちろん三大原則の実現は望ましいとの姿勢であったが、外交上財政上の判断から、それにかならずしも固執しなかったのである。

浜口もまた、加藤友三郎と同じく日米不戦論の立場に立っていた。対米戦は自身の国家構想を無意味化させるのみならず、より長期的な、原以来の政党政治がめざしてきた日本の安定的な発展の可能性をも、全面的に破砕するものとなるとみていたからである。それは、加藤友三郎のような国家総力戦遂行の観点からのみならず、将来の日本の長期的な発展方向をみすえたものだった。

ちなみに、当時の陸軍最大の実力者宇垣一成陸相は、条約に肯定的な姿勢だった。それは、日本が中国において機会均等主義のもとに発展をはかるならば、アメリカとしても実力でそれを妨害し戦争に導くようなことはないだろう、との考えにもとづいていた(『宇垣一成日記』、昭和五年一〇月)。日本が中国内政不干渉の原則にもとづいて、純粋に経済的レベルでの国際競争に徹するならば、アメリカとの軍事的な紛争になることはない、と判断していたのである。

このように、浜口と加藤軍令部長との対立は、よくいわれているような、財政的見地と軍事的観点との対立、政党と軍部の統帥権をめぐる対立のみではなかった。じつは両者の対立は安全保障の方法をめぐる対立でもあった。加藤は、日米必戦論の観点から条約の兵力量では安全保障上問題があると反対していた。だが浜口は、総力戦的な観点からみて一定の軍備と国力を備えていれば、国際連盟および平和維持に関する多層的多重的な条約網によって、戦争は抑止可能だと判断していた。したがって条約の協定で、安全保障上問題ないとしていたのである。

このように浜口は、日米戦は抑止可能であるし、抑止しなければならないとの認識と判断をもっていた。いわば戦争抑止論の立場にたっていたのである。

それが日本のとるべき道だ、とするのが浜口の決意であった。そしてこのような方向が、浜口が追求しようとした新しい国際秩序の基本ラインだったといえよう。

多層的多重的条約網

先に引用した「軍縮放送演説」での浜口の発言は、一見理想主義的にみえる。だが浜口にとって、国際協調や軍縮も、また国際連盟重視の姿勢も、国家理性の観点、ナショナル・インタレストの観点から導き出された、すぐれて現実主義的な政策であった。だが、浜口の場合、国際社会における日本の歴史的政治的位置とその将来についての独自の認識と構想から、その現実主義は、従来のパワー・ポリティクスをこえて、新たな国際秩序を志向することとなったのである。それは、いわゆる理想主義的な国際秩序観、連盟中心の国際秩序観とも、ある種の交錯を示すものであった。

浜口は、連盟を軸に平和維持に関する多層的多重的条約網を形成することによって、新たな平和維持システムを構築しようとした。それによって、従来のパワー・ポリティクスを超える、新たな国際秩序を作り上げていこうとしたのである。その条約網には、九ヵ国条約もふくまれており、戦争回避のため、まずは中国に限ってであるが、植民地や勢力圏の拡大は容認されない方向が含意されていた。また連盟規約や不戦条約で提示された戦争違法化の方向を内包するものであった。浜口が構想した新たな国際秩序は、軍縮による国民負担の軽減や大国間協調（対米英協調）のみならず、そのような射程をもっていたのである。その意味で、浜口の構想は、連盟創設以降の国際的動向とも連動する側面をもっていた。

浜口の国際秩序構想は、日本側からみれば、新たな安全保障構想の性格をもつものといえた。そのような平和維持システム下では、一定の軍備と国力を備えていれば、国際連盟および平和維持に関する多層的多重的な条約網との協働によって、安全保障は可能となると考えられていた。従来のように、つねに仮想敵を想定し、その仮想敵との実際上の戦争を想定して、膨大な軍備その他の戦争準備を整えることは、かならずしも安全保障上の絶対条件とはならなくなる。浜口はそう判断していたといえよう。

ただ、いうまでもないことであるが、連盟を軸とする平和維持・戦争防止システム形成の努力と決意にもかかわらず、国際的な何らかの事情でふたたび世界大戦となる可能性はありえた。

浜口もそのような場合をまったく想定していなかったわけではなかった。

もし万一、次期大戦となれば、国家総動員を必要とし、したがって少なくとも「工業動員」の準備は考慮しておかなければならない。そのためには、「工業の組織」を充実させることが要請される。これは「実に経済発展の要訣であり、同時に万一の場合に処すべき用意」ともなりうる、とかねてから考えていた（「財政の余裕と其処分問題」、大正一一年）。

そして、それには「外国貿易を盛んにするにしくはない」との意見であった。かりに国家総力戦となった場合は、工業動員をおこなわなければならないが、その前提として、総力戦に耐えうる充実した工業組織、それを支える経済発展が必須である。それには国際的な経済交流、通商・投資の増大をはからなければならない。このような外国貿易の興隆によってはじめて国民経済全体の生産力が上昇し、より高度な工業動員が可能になる。それが浜口のスタンスであった。

もし次期大戦となった場合の対外的対処についての浜口の具体的な記述は、管見のかぎりではみあたらない。しかし、その場合の対処方法は、おそらく後述する宇垣一成陸相のそれとほぼ同様の方向とならざるをえなかったのではないかと思われる。たとえば、浜口内閣下でも、田中前内閣で設置された内閣資源局による各年度の「国家総動員計画」の作成はつづけさせていた。

だが、いうまでもなく、そのような万一の場合の到来は、結果の勝敗にかかわらず、浜口のもっとも回避したい破滅的な事態であった。

「米国のなすがまま」を抑制するファクター

このような浜口の国際秩序構想、安全保障構想は、第二章でみた原の安全保障構想の残された課題に、一つの対処方法を示すものでもあった。原は日米提携を軸とする世界戦略、安全保障構想をもっていた。しかしそれは、日米の国力差から非対称的な関係となり、「米国のなすがまま」の状況におちいる可能性があった。その問題――対米協調と自律性保持のディレンマ――が、原の構想において残された課題の一つだった。

浜口においても、対米協調はその世界戦略の大前提であった。そして、その対米協調は、原と同じく、アメリカとの価値観の共有や強い信頼感にもとづくというよりは、アメリカの大きな国際的影響力（パワー）を判断根拠とするものだった。

たとえば、浜口はつぎのように述べている。

「発言の権威者はやはり英米にある。それから、日本将来の態度如何《いかん》と考うるも、遺憾の次第ではあるが、やはり英米両国と歩調をともにするが肝要であると思う。……日本の方針はよろしく英米に親しむべしである。……遺憾といわば遺憾であるが、英

米を友とせよというのが我々の主張である」（『日本及日本人』、大正七年）

これはパリ講和会議直前の発言であるが、その後も対米英協調とりわけ対米協調についての浜口の基本的観点だった。講和会議後も、国際的な「権威」は依然として米英ことにアメリカにあった。したがって、「遺憾」なことだが、対米協調は日米の国力差から非対称的な関係とならざるをえないとみていたのである。米英との「三国協調のリング」を離れれば、「国際上いうべからざる窮地に立つ」、と。その点は原と同様だったといえる。

原も浜口も、日本が軍事力を背景として大陸にさらに進出し、軍事強国として米英など欧米列強と比肩して覇を争う方向は、はっきりと断念していた。山県がめざした「自主独立の実力」による軍事強国の道が、失敗していたからである。したがって、原内閣以来、政党政治の国策として、対米英協調の方向、平和的な交易型産業国家形成の方向に転換していた。また、世界強国である米英とりわけアメリカとの協調は、安全保障上も必要なことであった。それゆえ、少なくとも原や浜口にとって、対米英協調における米英との非対称的な関係を、どのように克服するかが軽視しえない課題となったのである。

それにたいして、浜口はこう考えていた。連盟を軸とした平和維持システム、集団的安全保障システムが構築されれば、少なくとも安全保障面での米英への考慮は軽減しうる。

また、米英とりわけアメリカの行動に対する一種のチェック要因としても機能する。アメリカの理不尽な要求や圧力などを抑制する要因にもなりうる。つまり、原の危惧していた「米国のなすがまま」となる状況を抑制するファクターとして働きうる。そして、その問題が解決されれば、経済競争力においては、中国との地理的近接性などの有利な条件を考慮すれば、決して欧米諸国にひけをとるものではない。金解禁や産業合理化政策など経済的諸条件の整備によって、将来、平和的な交易型産業国家として米英とも対等な関係に立ちうる、と。もちろん、それには連盟のみではなく、それを補完する平和維持に関する多様な条約網、とりわけ東アジアにかかわるそれが必須であった。ロンドン海軍軍縮条約の締結は、そのような意味をもっていた。

どのようにして、世界の「権威者」であるアメリカと協調しながら、「米国のなすがまま」におちいる状況を抑制できるのか。浜口の構想した、パワー・ポリティクスの時代を超える新しい国際秩序の形成は、そのこととかかわっていたのである。

条約批准——政党内閣のリーダーシップ

さて、ロンドン海軍軍縮条約は、内閣による調印後、それが発効するためには、枢密院での批准を必要とした。条約締結は憲法上枢密院での批准を必要としたからである。

その間、加藤軍令部長が辞職。後任には帰国した財部海相の奏薦により条約容認派の谷《たに》口尚真《ぐちなおみ》がついた。同時に、山梨次官、末次次長も更迭され、海軍次官には条約容認派の小《こ》林躋造《ばやしせいぞう》が、軍令部次長には政治色の希薄な永野修身《ながのおさみ》が任命された。

枢密院では、審査委員会の検討をへて、本会議において条約批准の可否が決定されることになっていた。

当初、倉富勇三郎《くらとみゆうざぶろう》枢密院議長、平沼騏一郎《ひらぬまきいちろう》同副議長、伊東巳代治審査委員はじめ枢密院側は、条約批准に否定的な姿勢であった。だが、浜口は、元老西園寺や新聞など世論の支持をバックに、結局枢密院側を押し切り、一九三〇年（昭和五年）九月一七日、審査委員会が批准案を可決。つづいて一〇月一日、枢密院本会議において全会一致で条約批准が決定された。

その間浜口は、枢密院にたいして融和的な方法をとらず、強硬姿勢に終始し、「断固たる処置をとる決心」を周囲に幾度かもらしている。その決心は、たんに条約批准を実現するということのみでなく、この機会に枢密院を政治的に無力化しようとの決意がふくまれていた。枢密院は藩閥官僚勢力最後の砦であり、第一次若槻内閣の恐慌対策緊急勅令案を否決して総辞職させるなど、しばしば政党政治、議会政治に阻止的な役割をはたしてきた。浜口にはそれらが念頭にあり、これを非政治的で実務的な審議機関化することを考えていた。

そして、このロンドン海軍軍縮問題において、内閣の強硬姿勢の前に枢密院は敗北し、これ以降、事実上政治的には無力化する。

一〇月二日、天皇の裁可をへて、条約は正式に批准され、翌日、財部海相が辞職。後任には財部の推薦によって条約容認姿勢の安保清種《あぼきよかず》がついた。

こうして、浜口内閣下において、海軍、陸軍、枢密院をふくめ、議会政党による国家システムの全体的なコントロールがほぼ可能となる体制ができあがってくる。海軍は、海軍大臣・軍令部長に、条約容認の安保・谷口が就任し、内閣の決定を重視するスタンスであった。陸軍も、ロンドン海軍軍縮条約やそれをめぐる統帥権問題には基本的に介入せず、陸軍大臣宇垣一成は、当時政党内閣のリーダーシップを承認する立場をとっており、参謀総長も宇垣に近い金谷範三《かなやはんぞう》で、陸軍省・参謀本部ともに、この時期彼らの統率下にあった。

またそれとともに、ロンドン海軍軍縮条約の締結によって、連盟常任理事国でもある日本は、実質的にアメリカ、イギリスとならんで、国際社会をリードしていく国の一つとなったのである。

このように浜口内閣は、戦前において政党政治と国際的平和協調をもっとも推し進めたものであった。ただ、両大戦間期の日本は、台湾、朝鮮半島などを植民地として領有して

東京駅で銃撃された浜口雄幸

おり、浜口においても、この植民地の保有、したがって帝国日本のあり方は前提とされていた。

しかし、一九二九年末に始まった世界恐慌が、ロンドン海軍軍縮条約が問題になっていたころ（翌年夏）から日本にも本格的に波及し、昭和恐慌がはじまる。

そのようななかで、ロンドン海軍軍縮条約をめぐる一連の問題がようやく決着し、昭和六年度予算案が閣議決定されてから三日後、一九三〇年（昭和五年）一一月一四日朝、浜口は、東京駅のプラットホームで銃撃された。犯人は右翼団体愛国社構成員の佐郷屋《さごうや》留雄《とめお》であった。

浜口は重体となったが一命を取り留め、入院加療に努めた。だが途中、議会の混乱を収拾するため無理をおして登院したことによって、症状が悪化。翌年四月一三日、内閣は総辞職。八月二六日、死去した。満州事変の約三週間前であった。

第四章
昭和初期　永田鉄山の構想
——次期大戦への安全保障

永田鉄山

1　陸軍一夕会の形成と永田

全陸軍に強い影響力

永田鉄山《ながたてつざん》（一八八四〜一九三五年、明治一七〜昭和一〇年）は、長野県諏訪出身で、陸軍大学校卒業後、第一次世界大戦をはさんで断続的に合計約六年間、軍事調査などのためヨーロッパとりわけドイツ周辺に駐在した。そしてその後、陸軍中央の少壮・中堅幕僚グループである、二葉会《ふたば》、木曜会、一夕会《いっせき》などの中心的存在となった。また、陸軍省整備局初代動員課長に就任し、満州事変期には、軍務局軍事課長に就いていた。軍事課長は、陸軍実務におけるもっとも枢要なポストだった。その後も、参謀本部情報部長、陸軍省軍務局長として陸軍中枢の要職にあり、満州事変以降の陸軍を主導する存在となる。ことに陸軍省軍務局長は、陸軍実務ポストのトップで、永田は、事実上全陸軍に強い影響力をもつこととなった。

だが、陸軍内部での皇道派と統制派の派閥抗争のなか、一九三五年（昭和一〇年）八月、軍務局長在任中に執務室で刺殺される。二・二六事件は翌年、日中戦争突入はその翌年である。

少壮幕僚らのグループ・木曜会

永田が関わった中堅幕僚グループの二葉会は、大正末頃からつづけられていた非公式な集まりをもとに、一九二七年（昭和二年）ごろに名付けられたものである。会員は陸軍士官学校（陸士）一六期の永田鉄山、小畑敏四郎《おばたとしろう》、岡村寧次《おかむらやすじ》を中心に、陸士一五期から一八期にわたる。永田らの他に、河本大作、東条英機《とうじょうひでき》、板垣征四郎《いたがきせいしろう》、土肥原賢二《どいはらけんじ》、山下奉文《やましたともゆき》など陸軍中央の中堅幕僚二〇人程度が参加していた。

永田、小畑、岡村は、かねてから当時陸軍の実権を掌握していた長州閥の打破と、国家総動員に向けての軍制改革を実現しようとしており、二葉会はその意図を継承していた。

木曜会は、この二葉会にならって、陸軍中央の少壮幕僚らによって、一九二七年（昭和二年）一一月ごろに組織されたもので、構成員は一八人前後であった。メンバーは、鈴木《すずき》貞一《ていいち》、石原莞爾《いしはらかんじ》、根本博《ねもとひろし》、土橋勇逸《つちはしゆういつ》ら陸士二一期から二四期が中心だが、一六期の永田鉄山、岡村寧次、一七期の東条英機も会員となっていた。

木曜会の満蒙領有論

この木曜会は、一九二八年（昭和三年）三月に開かれた第五回の会合で、つぎのような注目すべき決定をしている。張作霖《ちょうさくりん》爆殺事件の約三ヵ月前である。

「帝国自存のため、満蒙に完全なる政治的権力を確立するを要す。これがため国軍の戦争準備は対露戦争主体とし、対支戦争準備は大なる顧慮を要せず。ただし、本戦争の場合において、米国の参加を顧慮し、守勢的準備を必要とす」

また、その「理由」として、つぎのように、ロシア、中国、アメリカ、イギリスにたいする情勢判断を示している。

日本が「その生存を完《まった》からしむる」ためには、満蒙に政治的権力を確立する必要がある。それには、ロシアの「海への政策」との衝突が不可避となる。

中国から必要とするものは、対露戦のための「物資」である。中国の兵力は「論ずるに足らず」、それに対処するための日本側兵力は、半年で整備可能である。また、満蒙は中国にとって「華外の地」であり、したがって「国力を賭して」戦うことはないであろう。

アメリカの満蒙に対する欲求は、「生存上の絶対的要求」ではない。したがって満蒙問題のために、日本と国力を賭けた戦争をおこなうことはないだろう。ただ、先の大戦に参加した経緯から考えて、日本とロシアの戦争に介入することはありうる。したがって、「政略」によって努めてアメリカの参戦は避けるが、その介入も考慮して「守勢的準備」は必要とする。

イギリスは、満蒙問題と関係はあるが、軍事以外の方法で解決可能である。それゆえ対英戦争準備は特に考慮する必要はない。

このような情勢判断のもと、「満蒙に完全な政治的権力を確立する」こと、すなわち満蒙「領有」方針が申し合わされたのである。

この決定は、同年一二月六日の第八回会合でも再確認され、木曜会の「結論」とされた（「木曜会記録」、昭和三年）。

ここに満蒙領有方針が、陸軍中央内ではじめて本格的に提起されたのである。

満蒙での中国の主権を否定

それまで、対中国政策をめぐって、主要には三つの構想が存在していた。

第一は、当時の田中義一政友会内閣の方向で、いわゆる満蒙特殊地域論である。長城以南の中国本土については国民政府による統治を容認するが、満蒙については日本の影響下にある奉天軍閥張作霖の勢力を温存しようとするものであった。それによって満蒙での特殊権益を維持することを意図していたのである。

第二は、浜口雄幸《はまぐちおさち》ら野党民政党のスタンスで、国民政府による満蒙をふくめた中国統一を基本的に容認し、国民政府との友好関係を確立すべきだとの立場である。いわば国民政府全土統一容認論で、それによって中国での通商・投資の拡大を実現しようとしていた。

第三は、当時の関東軍首脳の方針で、張作霖の排除と満蒙における日本の実権掌握下での独立新政権樹立を主張していた。いわゆる満蒙分離論である。これは満蒙における中国主権の存続を前提とするものであった。

これらにたいして、木曜会の満蒙領有論は、そこでの中国の主権を完全に否定するもので、まったく新しいスタンスに立っていた。それは中国の領土保全を定めた九ヵ国条約に抵触する方向性をもっていたのである。

この決定は東条英機（当時永田の腹心）の主導でおこなわれたものであった。なお、永田は第五回・第八回の会合ともに欠席、岡村は第五回には欠席だが、第八回会合には出席している。

一般に、満州事変は、世界恐慌下（一九三〇年代初頭）の国内の窮状を打開するため、石原莞爾ら関東軍によって計画・実行されたものとの見方が多い。だが、じつは一九二九年末の世界恐慌開始より一年半前に、陸軍中央の幕僚のなかで、満州事変につながっていく満蒙領有方針が、すでに打ち出されていたのである。

したがって、満州事変は、その企図の核心部分においては、世界恐慌とはまた別の要因によるものだったといえよう。世界恐慌は、満州事変を計画した石原（木曜会員）らにとって、かねてからの方針の実行着手に、絶好の機会を与えるものだったのである。

また、木曜会では、永田らの主導で、旧来のような統帥権の独立によっては国家を動かすことはできず、陸軍が積極的に政治に影響力を行使すべきだとの考えが共有された。つまり、陸軍が組織として、陸相を通じて内閣に影響力を行使し、軍の考える方向に国家を動かしていくことを志向していたのである。それまで、山県有朋《やまがたありとも》をはじめ、桂太郎、寺内正毅、田中義一など、陸軍指導者が個人として政治権力を掌握しようとした例はあった。だが、陸軍が組織として政治を動かそうとするのは、まったく新しい志向といえた。

一夕会の結成

さて、この木曜会と二葉会が合流して、一九二九年（昭和四年）五月、一夕会が結成される。田中義一政友会内閣の末期、浜口雄幸民政党内閣成立の約一ヵ月半前である。

構成員は四〇名前後で、陸士一四期から二五期にわたり、木曜会・二葉会会員に加え、武藤章《むとうあきら》、田中新一《たなかしんいち》などの少壮幕僚もメンバーとなっていた。

主要な一夕会メンバーは、永田鉄山、小畑敏四郎、岡村寧次、東条英機、河本大作、板垣征四郎、土肥原賢二、山下奉文、鈴木貞一、石原莞爾、武藤章、田中新一などで、いずれも、こののち昭和陸軍で名を知られるようになる（すべて陸大卒）。

たとえば、永田は、のちに陸軍統制派の指導者となり、陸軍省軍務局長在任中に反対派の皇道派系軍人に暗殺される。岡村は、のち支那派遣軍総司令官。小畑は、皇道派の中心人物の一人となるが、統制派との派閥抗争に敗れ陸軍を去った。

また、河本は、張作霖爆殺事件によって退役。東条は、陸軍大臣・首相となり、東京裁判でA級戦犯として刑死。板垣は陸軍大臣、土肥原は特務機関長などを務め、ともにA級戦犯として刑死。山下は、第一四方面軍司令官としてフィリピン・マニラ軍事法廷で死刑判決をうけ、同じく刑死した。石原は満州事変の首謀者として知られるが、日中戦争時に失脚、その後退役となる。

武藤は太平洋戦争開戦時の陸軍省軍務局長、田中は同時期の参謀本部作戦部長として、中央幕僚層の事実上のトップに立ち、東条英機首相とともに開戦決定に枢要な役割をはたすことになる。

なお、武藤は東京裁判でA級戦犯として刑死。鈴木貞一も、開戦時に企画院総裁を務め、A級戦犯として終身刑となった。

東京裁判については、現在さまざまな意見がある。だが、多くの一夕会メンバーが、そこで戦争指導者として訴追を受けた事実は、満州事変から日中戦争、太平洋戦争中にかけて、昭和陸軍のなかで、彼らが枢要な地位にあったことを示している。

この一夕会に、さきの木曜会の満州領有方針などが持ち込まれたのである。

主要ポストの掌握

一夕会は、第一回会合で、陸軍人事の刷新、満州問題の武力解決、荒木貞夫《あらきさだお》・真崎甚三郎《まさきじんざぶろう》・林銑十郎《はやしせんじゅうろう》の非長州系三将官の擁立を取り決め、まず陸軍中央の重要ポスト掌握にむけて組織的に動いていく。これらは、永田鉄山、小畑敏四郎、岡村寧次が主導し、永田がその中心的存在であった。ちなみに、当時、田中内閣、浜口内閣の陸相には、ともに長州閥の流れをくむ白川義則《しらかわよしのり》（愛媛出身）、宇垣一成（岡山出身）が就いていた。ことに宇垣は、政党政治期憲政会・民政党系四代の内閣の陸相を務め、陸軍内で強い影響力をもつようになっていた。

同年（一九二九年）八月、岡村が陸軍省人事局補任課長のポストを得る。補任課長は全陸軍の佐官級以下の人事にたいして大きな権限をもっていた。この岡村補任課長を通して、一夕会のポスト掌握が進行する。
翌年八月、永田が陸軍省軍務局軍事課長に就任。軍事課長は、軍政部門のみならず全陸軍におけるもっとも重要な実務ポストであった。

さらに、翌年の満州事変直前、一九三一年（昭和六年）八月までには、そのほか一夕会員から、陸軍省では、徴募課長に松村正員《まつむらまさかず》、馬政課長に飯田《いいだ》貞固《さだかた》、軍事課高級課員に村上啓《むらかみけい》作《さく》、軍事課支那班長に鈴木貞一など。参謀本部では、動員課長に東条英機、欧米課長に渡《わたり》久雄《ひさお》、作戦課兵站《へいたん》班長に武藤章、支那課支那班長に根本博などが就いている。

陸軍省・参謀本部における主要部局の、実務担当者である課長もしくは班長を掌握したのである。

なお、一九二八年（昭和三年）一〇月に、石原莞爾が関東軍作戦主任参謀として、翌年五月には、板垣征四郎が関東軍高級参謀として満州に赴任していた。また、満州事変一ヵ月前の八月、一夕会が擁立しようとしていた将官の一人荒木貞夫が、中央要職の教育総監部本部長に就任する。

このように満州事変直前には、陸軍中央および関東軍の主要実務ポストを、一夕会員が占めることとなった。

そして、一九三一年（昭和六年）九月、関東軍の石原、板垣らの謀略（鉄道爆破）によって満州事変が起こる。

陸軍中央では、陸軍省の永田鉄山軍事課長、岡村寧次補任課長、参謀本部の東条英機編制動員課長、渡久雄欧米課長（いずれも一夕会員）などが、石原らと連携し、「関東軍の活動

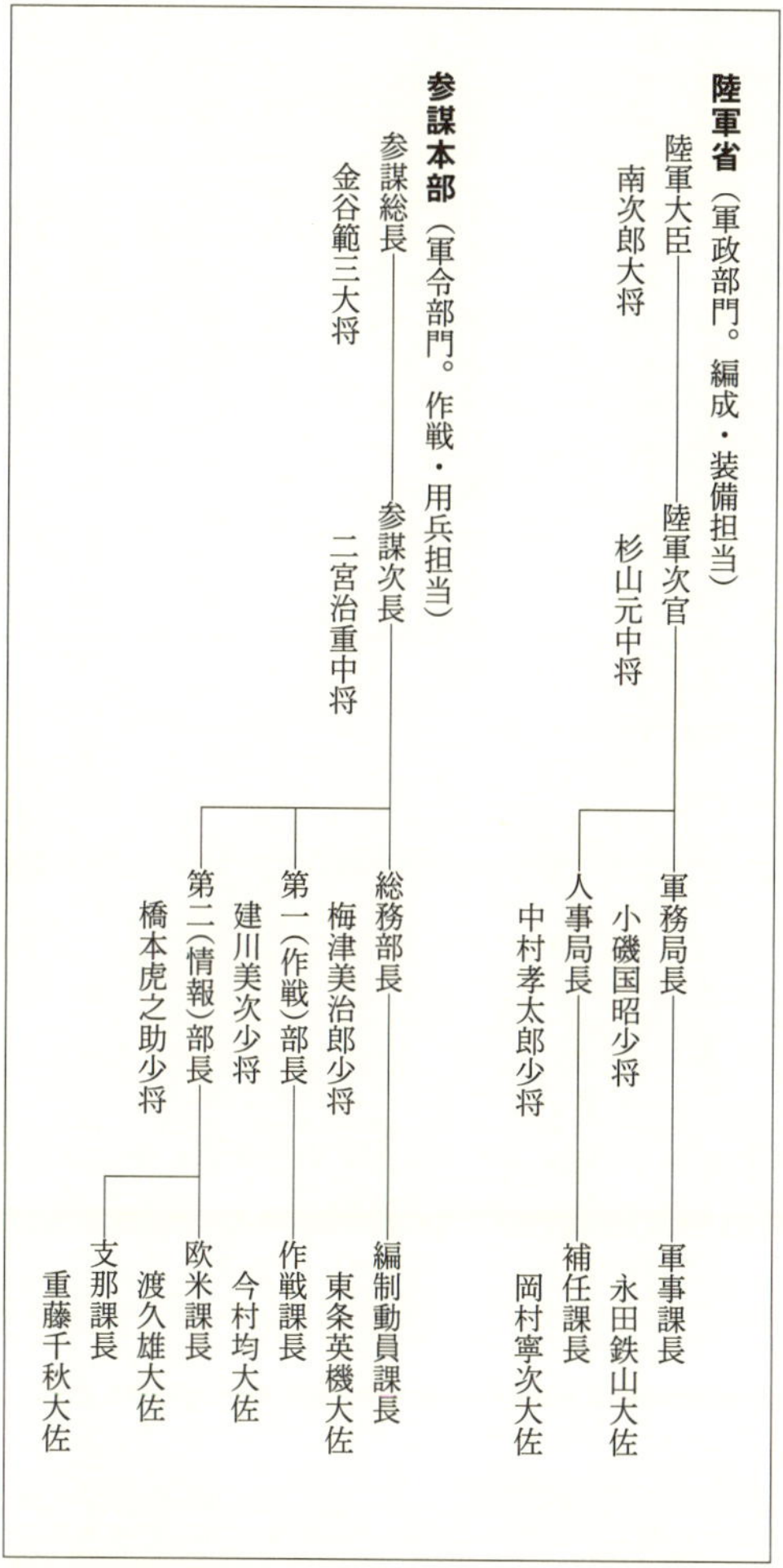

満州事変開始時の陸軍中央

を有利に展開」（『岡村寧次日記』）させる方向で動きはじめる。この時、鈴木貞一軍事課支那班長、武藤章作戦課兵站班長ら陸軍中央に配置された一夕会員も、同様の動きをしている。

一般に、満州事変は関東軍の独断によるものとみられているが、実際には、関東軍の石原・板垣および、彼らと連携する一夕会系中央幕僚によって計画・実行されたのである。

2 国家総動員論と次期大戦認識

「有史以来未曾有の大戦争」のインパクト

それでは、このような二葉会、木曜会、一夕会に強い影響力をもっていた永田鉄山の構想はどのようなものだったのだろうか。以下それをみていこう。

永田は、第一次世界大戦直前の一九一三年（大正二年）から、大戦をはさんで合計約六年間をドイツおよびその周辺に駐在した。その間、大戦の調査を主要な任務とする臨時軍事調査委員の一員にもなっている。永田もまた、ヨーロッパ滞在中に直接経験した第一次世界大戦から、大きなインパクトを受けた。永田はいう。このたびの「欧州大戦」は、「有史以来未曾有《みぞう》の大戦争」であり、参戦国世界三二ヵ国、参加兵力六八〇〇万人、損耗した兵員一二〇〇万人、戦費三四〇〇億円にのぼる、と。ちなみに、大戦当時の日本の年間国家予算は約一〇億円であった。

永田は、原や浜口と同様、第一次世界大戦の経験から、今後、近代工業国間の戦争は国家総力戦となると考えていた。そこから永田は、軍事官僚として、次期大戦にそなえ国家総動員の計画と準備が必須だと主張する。

永田は、大戦によって戦争の性質が大きく変化したことをじゅうぶん認識していた。すなわち、戦車・飛行機などの「新兵器」の出現と、その大規模な使用による機械戦への移行。通信・交通機関の革新による戦争規模の飛躍的拡大。それらを支える膨大な軍需物資の必要。

これらによって、戦争が、陸海軍のみならず「国家社会の各方面」にわたって「国家総動員」をおこなう「国力戦」、すなわち国家総力戦となったとみていた。

そして、今後、先進国間の戦争は、勢力圏の錯綜や国際的な同盟提携など政治経済関係の複雑化によって、世界大戦を誘発すると想定していた。

国家総動員論

そこから永田は将来への用意として、つぎのように、国家総力戦遂行のための準備の必要性を主張する。

これまでのように常備軍と戦時の軍動員計画だけで戦時武力を構成し、これを運用するのみでは、「現代国防の目的」は達せられない。さらに進んで、「戦争力化」しうる「一国の人的物的有形無形一切の要素」を統合し組織的に運用しなければならない。したがって、そのような「国家総動員」の準備計画なくしては、「最大の戦争力」の発揮を必要とする現代の国防は成り立たない、と。

つまり、大戦における欧米の総動員経験の検討からして、戦時の軍動員計画のみならず平時における国家総動員のための準備と計画が欠かせないというのである。

また永田は、この国家総動員のための平時における準備として、資源調査、不足資源の保護培養、総動員計画の策定、関係法令の立案などの必要を指摘している。ことに資源調査とそこから導かれる不足資源の確保、すなわち戦時にむけた資源自給体制の確保の問題が重視されている（「国防に関する欧州戦の教訓」、大正九年。「現代国防概論」、昭和二年。「国家総動員」、昭和二年）。

この永田の国家総動員論について、いくつか注意をひかれる点についてふれておこう。

国家総動員の具体的内実は、「国民動員」「産業動員」「交通動員」「財政動員」「教育動員」「精神動員」などからなっている。

まず、国民動員は、軍の需要および戦時の国民生活の必要に応じるため、人員を統制管理し、有効に配置することを意味する。したがって、兵員としての動員のみならず、産業動員その他のための人員の計画的配置がふくまれる。必要な場合には、「国家の強制権」によって労務に服させる「強制労役制度」を採用することも指摘されている。他方、女性労働力の利用のため、託児所設立の必要などにも言及している。

産業動員は、兵器など軍需品および必須の民需品の生産・配分のため、生産設備・物資・資源を計画的に配置することである。それに関連して、動員時の統一的使用のための工業製品の規格統一、軍需品の大量生産に対応しうる生産・流通組織の大規模化の推進、などが主張されている。この産業組織の大規模化・高度化は、国家総動員のうえで有利なだけではなく、平時における国際的経済競争力の強化や工業生産力の上昇にもつながるとされる(『国家総動員に関する意見』、大正九年)。

つぎに、永田は当時の中高等学校や青年訓練所における「軍事教練」について、それを「国家総動員準備の一つ」として積極的な評価を与えている。

一九二五年(大正一四年)、加藤高明護憲三派内閣の宇垣一成陸相のもとで、四個師団削減の陸軍軍縮とともに現役将校配属による学校教練が導入された。また翌年、学校生徒以外の一般青少年に兵式教練をおこなう青年訓練所が設置される。それとともに、在営年限が二年からそれぞれ一年および一年半に短縮された。

このような「青少年教練」について永田は、「国民総武装」を目的とするものではなく、「平時戦時を問わず、国家に十分貢献のできるような精神と体力とを有する人材」を養成することがその主旨であるとする。つまり単なる軍事動員のためのものではなく、国家総動員に備えるためのものだというのである。それは軍隊だけではなく、「あらゆる方面に対して従来よりも良材を送り出す」ためのものである。また、陸軍も軍隊教育上の負担の一部を軽減されるゆえに、在営年限を短縮することができる。そう永田は青少年訓練の実施とそれにともなう在営年限の短縮を肯定的にとらえ、それを推進しようとしていた(「国家総動員準備施設と青少年訓練」、大正一五年)。また永田は、宇垣軍縮そのものにも協力的であった。

なお、陸軍軍縮について永田は、各政党が主張しているような大幅な師団数削減には否定的であったが、工業生産力に裏打ちされない師団数設定は無意味だと考えていた。

また、永田は、平時の国家総動員中央統制事務機関として「国防院」の設置を主張している。長官には、大臣格の人物を任用し、そのもとに各種総動員業務を主管する部局を置き、その職員には、それぞれ文官とともに陸海軍からも適任者を任命することとしている。すなわち軍人が軍事動員のみならず、各種の動員計画にコミットすることとなっている。この「国防院」は、戦時には、大臣以上の有力者を長官とするなど一定の変更を加えて、総動員中央統制機関となることが想定されていた（『国家総動員に関する意見』、大正九年）。

このような国家総動員機関は、一九二七年（昭和二年）、田中義一政友会内閣のもとで内閣資源局として実現する。資源局は、陸海軍からも各課にスタッフとして人員が配置され、翌々年から毎年「国家総動員計画」を作成している。ただ、この資源局の設置は、フランス国家総動員法成立、イタリア国家総動員令制定など欧米の動向に対応したものでもあった。

仮想敵国を特定しない

以上のように永田は国家総動員に関する議論を展開している。そのほか彼が第一次世界大戦からどのような軍事的教訓を引き出しているか、国家総力戦の問題とかかわらせながら、もう少しみてみよう。

まず、大戦以降の戦争は、これまでとは異なり、「長期持久」となる場合が多いことを覚悟しなければならないという。機械戦による膨大な人的犠牲の発生は、不利な条件での短期講和を困難にするからである。したがって、「武力のみによる戦争の決勝は昔日の夢と化して、今や戦争の勝敗は経済的角逐に待つところが甚だ大となってきている」、と（「国防に関する欧州戦の教訓」、大正九年」）。

現代の戦争は長期の持久戦となる可能性が高いため、経済力が勝敗を大きく左右すると指摘しているのである。

それゆえ、中国やロシアのように弱体化している国でも、潤沢な「資源」をもち、他国からの技術的経済的「援助」があれば、徐々に大きな「交戦能力」を発揮するようになる。しかも、交通機関の発達や国際関係の複雑化により、随所に敵対者が発生することを予期しておかなければならない。それゆえ、従来のように近隣諸国の事情や仮想敵国の観念にとらわれるのではなく、「世界の何れの強国をも敵とする場合ある」ことを予想し、それに備えなければならない。こう永田は主張している。

すなわち、それまで陸軍はおもにロシアを仮想敵国としてきたが、今後は、そのような観念にとらわれるべきでないというのである。つまり、同盟・提携関係の存在（日本もふくまれる）を前提に、国際関係や戦局の展開によっては、米英独仏などの強国でも敵側となる可能性がある。したがって、それに対応しうる準備が必要だ。そう指摘している。仮想敵国を特定しないということは、逆に言えば、提携関係におけるフリー・ハンドを意味している。この点は、後述する宇垣一成の構想と比較して興味深いところである。

このように世界の強国との長期持久戦をも想定するとすれば、帝国の版図内における国防資源はきわめて貧弱である。したがって、なるべく「帝国の所領に近い所」に、この種の資源を確保しておかなければならない。永田はそう考えていた(同右)。この不足資源の確保・供給先として、永田は満蒙をふくむ中国大陸を念頭に置いていたが、これについては彼の中国論と関連するので後述する。

軍備の機械化・高度化

つぎに永田は、大戦において、戦車、飛行機、大口径長距離砲、毒ガスなど新兵器、新軍事技術によって「物質的威力」が飛躍的に増大し、それへの対応が喫緊の課題として迫られることとなるとみていた。

これらの新兵器はきわめて強大な破壊力を有し、その物質的威力にたいしては、旧来の兵器のままでは、いかにじゅうぶんな訓練を受けた優秀な将兵でも、まったく対抗できない。したがって、新兵器など装備の改良とそれに対応する軍事編制の改変、強力な兵器の大量配置によって、「軍の物質的威力の向上利用」を図らなければならない。

このように永田は、大戦における兵器の機械化、機械戦への移行を認識しており、それへの対応が国防上必須のことだと認識していた。またそれらの指摘は、日本軍の旧来の白兵戦主義、精神主義への批判を内包するものでもあった。

だが、このような軍備の機械化・高度化をはかるには、それらを開発・生産する高度な科学技術と工業生産力を必要とする。ことに戦車、航空機、各種火砲とその砲弾など、莫大な軍需品を供給するために「いかに大なる工業力を要するか」は、容易に想像しうるところである。実際に大戦中欧米各国は、莫大な軍需品を供給するために「工業動員」「産業動員」をおこなって、「あらゆる工業を戦争に利用する」ことに絶大な力を用いた。このように、すべての工業は軍需品の生産のために、ことごとく転用可能である。したがって、一般に「工業の発達すると否とは国防上重大な関係」がある。そう永田は考えていた。機械化兵器や軍需物資の大量生産の必要を重視していたのである(「国防に関する欧州戦の教訓」、大正九年。『新軍事講本』、大正一五年〔昭和七年再版〕)。

欧米列強との深刻な工業生産力格差

では、当時の日本の兵器製造および工業生産力は、そのような観点からして、どうだったのだろうか。

まず、飛行機、戦車など最新鋭兵器の保有量そのものについてみると、永田によれば、大戦休戦時、飛行機は、フランス三二〇〇機、イギリス二〇〇〇機などにたいして、日本約一〇〇機。欧州各国と日本との格差は、二〇倍から三〇倍である。その後も日本の航空界全体の現状は、「列強に比し問題にならぬほど遅れている」状況にあり、じつに「遺憾の極《きわ》み」だという。戦車は、一九三二年（昭和七年）段階でも、アメリカ一〇〇〇輛、フランス一五〇〇輛、ソ連五〇〇輛にたいして、日本四〇輛とされる。その格差は歴然としている（『新軍事講本』、大正一五年［昭和七年再版］）。

工業生産力については、永田もその一員だった臨時軍事調査委員グループで、大戦開始前一九一三年時点での日本をふくめ各国の工業生産力比較がなされている（『物質的国防要素充実に関する意見』、大正九年）。それによると、たとえば、鋼材需要額で、日本八七万トン、アメリカ二八四〇万トン（日本の三二・五倍）、ドイツ一四五〇万トン（一六・六倍）、イギリス四九五万トン（五・七倍）、フランス四〇四万トン（四・六倍）であった。永田も当然この数値は承知していた（後に永田がアメリカとの利害対立は「政治的解決の方途」によるべきとし、また永田直系の武藤章が日米戦回避に努めたのも、このような認識によっている）。しかも、英仏独露の大戦時砲弾生産量の比較から、ロシアの敗因について、その「軍需工業生産力」がすこぶる低く、それによる兵器弾薬の不足によるものとみていたのである（『国家総動員に関する意見』、大正九年）。

このように永田は、欧米列強との深刻な工業生産力格差を認識し、工業力の「貧弱」な現状は、国家総力戦遂行能力において大きな問題があると考えていた。したがって、「工業力の助長・科学工芸の促進」が必須であり、国防の見地からして重要な工業生産、とりわけ「機械工業」などの発達に努力すべきとしていた。

それには、「国際分業」を前提とした対外的な経済・技術交流の活発化によって工業生産力の増大、科学技術の進展をはかり、「国富を増進」させなければならないという。このことは自由な国際交流を必要とし、外交的には国際協調が前提となる。

だが他方、永田は、戦時への移行プロセスにさいしては、国防資源の「自給自足」体制が確立されねばならないとの考えであった。

国防資源の「自給自足」体制

さきにみたように、永田は国家総動員の準備施策として、資源調査を第一に、不足資源の保護培養を第二にあげている。そして、とりわけ不足原料資源の確保について、「天然の資源に浴すること」少ない日本においては、もっとも重要なこととしていた。この原料資源確保をことに重視する観点は、つぎのような大戦時ドイツの経験からの判断にもとづいていた。ドイツの四年半にもわたる継戦は、連合国側の重要な油田・炭田・鉄鉱地などを占領・確保しえたからだ。またドイツの敗戦は、国家総動員に不可欠な国民生活を支える物資・資源の欠乏による、と。

そこから永田は、「国防に必要な諸資源」について、国内に不足するものは、何らかの方法で、近隣地域から「永久にまたは一時的に」確保することが緊要だというのである。そして、純国防的な見地からすれば、国防資源の「自給自足が理想」であるとする（「現代国防概論」、昭和二年。『国家総動員に関する意見』、大正九年）。

平時は、工業生産力の発達をはかるために、欧米や近隣諸国との国際的な経済や技術の交流が必須だと永田は考えていた。したがって、外交的には国際協調の方向が志向されることとなる。それが国際協調をとる政党政治に協力的だった宇垣軍政に、ある時期まで永田が政策上必ずしも否定的でなかった一つの要因であった（ただし、それは政策上職務上のことであり、後述するように、内心では長州閥に連なる宇垣への対抗姿勢は一貫していたと思われる）。

だが、実際に戦争が予想される事態となれば、国家総力戦遂行に必要な物的資源の「自給自足」の体制をとることが必須となり、とりわけ不足原料資源の確保の方策をとらなければならない。これが永田の基本的な姿勢であった。

以上のような認識をベースに、もし今後戦争が起こるとすれば、「国を挙げて抗戦する覚悟」を要し、それには「国家総動員」が求められる、とするのが永田の基本的な主張であった。

次期大戦は不可避

さらに永田は、今後も戦争は不可避的なものと考えており、原や浜口が重視した国際連盟の有効性について否定的な判断をもっていた。

原や浜口など当時の代表的な政党政治家も、第一次世界大戦以降もし先進国間に戦争が起これば、それは高度の工業生産力と膨大な資源を要する国家総力戦となるとみていた。しかし、彼らは財政・経済・資源の現状からみて、もしつぎの大戦が起これば、日本はきわめて困難な状況におちいると判断していた。したがって、次期大戦の防止を主要目的として創設された国際連盟の戦争防止機能を積極的に評価し、その役割を重視していた。

これにたいして永田は、これからも近代工業国間の戦争を防止することはできず、したがって次期大戦も回避することは困難だとする、戦争不可避論の見地に立っていた。この点は注目すべきところである。

まず、大戦後の実際のヨーロッパ情勢において、戦争の原因はなお除去されていないと永田はみていた。ドイツは、全面的な軍事的敗北によるというよりは、全面的な破滅から自国を救い、将来の再起を期すために講和を結んだ。その意味で「国家の生存発達に必要なる弾力」を保存しつつ、「大なる恨み」を残して平和の幕を迎えたといえる。ドイツの「軍国主義」「外発展主義」などは、民族固有のもの、もしくは新興国としての境遇にもとづくものであり、またイギリスやアメリカの「自由主義」「平和主義」も、一面彼らの「国家的利己心に基づく主張態度」である。したがって将来なお久しきにわたって互いに角逐抗争することは免れない状況にあり、ヨーロッパでの「紛争の勃発」は、時期の問題はともかく、不可避的なものである。永田は、大戦後の欧州情勢をこうとらえていた(「国防に関する欧州戦の教訓」、大正九年)。

後述するように、永田は次期大戦を不可避と考えていたが、その口火は、ドイツをめぐってヨーロッパから切られる可能性が高いと判断していたといえよう。

超国家的権威をもたない国際連盟

では、彼は国際連盟をどうみていたのであろうか。永田自身、連盟が「欧州大戦の恐るべき惨禍」の教訓から、戦争の防止、世界の平和維持のために創設された組織であることはじゅうぶん認識していた。

永田はいう。国家間の「紛争を平和的に解決する」ため、国際連盟は組織された。連盟は、加盟国に「戦争回避の義務」を負わせるなど、諸国民間の協調を推進し、その協力によって、世界の「平和と安全とを保障」しようとするものである。すなわち、連盟は、国際社会をいわば「力」の支配する世界から「法」の支配する世界へと転換しようとする志向をふくむものである。そのことは、理念として、国際社会における原則の転換をはかり、国際関係に規範性を導入しようとする試みだといいうる。永田は連盟をそのような意義をもつものと位置づけていた。近衛《このえ》文麿《ふみまろ》や北一輝《きたいっき》、大川周明《おおかわしゅうめい》などのように、単純に、連盟を欧米列強の世界支配のためのシステムだ、とは考えてはいなかったのである。

だが、永田のみるところ、問題は、連盟の定める「実行手段」が、はたしてその標榜する理念を達成しうるかどうかにあった。

これまでの国際公法や平和条約は、それを権威あらしめる制裁手段すなわち「力」をまったく欠いていた。それに比して国際連盟は、「平和維持」のための「法の支配」を基本原則とし、法の擁護者としての「力」の行使をも認めている。したがって、連盟が、制裁手段として「協同の力」を認めた点は、従来の国際公法や平和条約などに比して「一歩を進めた」といえる。

しかし、にもかかわらず、その「力」は、大なる権威をもって加盟各国に連盟の決定を強制しうる性質のものではなく、その意味で国家をこえるような「超国家的なもの」ではない。連盟は「国際武力の設定」に至らず、紛争国にたいして、その主張を「枉《ま》げさせる」にたる権威をもたない。したがって、連盟の行使しうる戦争防止手段はその実効性と効果において大いに疑わしい。そのような超国家的権威をもたない連盟は、世界の平和維持の「完全な保障たり得ない」。永田はそう考えていた（「現代国防概論」、昭和二年）。

このように国家間における紛争の要因は、先の大戦によって取り除かれたとは思えないし、またそのような紛争が起こった場合、それを平和的に解決する手段や方法について根本的には解決されていない。したがって、いまの平和は、むしろ「長期休戦」とみるのが安全な観察であって、「永久平和の端」などと考えるのは危険である。こう永田は結論づけるのである（「国防に関する欧州戦の教訓」、大正九年）。

戦争波動論

さらに永田は、一九世紀以降における日米英露独仏伊など「世界列強」九ヵ国の対外戦争についての検討から、戦争波動論ともいうべき特徴的な認識をもっていた。

すなわち、一九世紀以降、世界を通じて観察すれば、「平和時代と戦争時代とが、波をうっている」、つまり戦争と平和が波動的に生起している。各国平均の戦争間隔年数は約一二年、戦争継続年数は約一年八ヵ月である、と。そこから、その期間はともかく、戦争の波動的生起にたいして、ある種の周期性、歴史的規則性が想定されていた。したがって今後も、戦争の波動的生起の可能性はじゅうぶんにあると考えられていたのである（「現代国防概論」、昭和二年）。

もちろん永田においても、戦争を積極的に欲していたわけではなく、平和が望ましく、永久平和の実現が理想であるとの見地に立っていた。だが、連盟の創設によっても、その実現は不可能で、前述した大戦後の欧州情勢における戦争再発の可能性や、戦争の波動的生起にたいして歯止めをかけることはできない。その意味で「戦争は不可避」である。そう永田は考えていた。

したがって、永田にとって、連盟創設にもかかわらず、国際社会は依然として力の支配するパワー・ポリティクスの貫徹する世界であったといえる。それが、彼の安全保障構想の前提となる国際秩序認識だった。

永田は、「将来の戦争は世界戦を引き起こし易く、その惨禍は想像に余りがある」。したがって、極力戦争を避けなくてはならない。しかも「勝利者の勝利は到底払った犠牲に及ぶべくもない」、との認識をもっていた。にもかかわらず、これまでみてきたような理由から、列国間の戦争の再発、すなわち次期大戦は、避けることができないと考えていたのである。

平和目的のための軍縮は「順序の転倒」

永田は、次期大戦は不可避であり、それは、前述のように、ドイツ周辺から起きる可能性が高いと判断していた。このような見方が、これ以後の永田構想とその展開の基本的な背景となる。このことはあまり知られていないが、軽視しえない点であり、後の統制派系幕僚（武藤章や田中新一など）の考え方にも影響を与えた。

また、もし世界大戦が起これば、列国の権益が錯綜している中国大陸に死活的な利害をもつ日本も、否応《いやおう》なくそれに巻き込まれることになる。したがって、日本も次期大戦に備えて、国家総動員のための準備と計画を整えておかなければならない。永田はそう考えていた。

つまり、次期大戦は不可避であり、日本は好むと好まざるとにかかわらず、それに巻き込まれることになる。したがって、安全保障の観点から、そのような事態への対処が必須である。それゆえ、大戦時の国家総力戦に対応できるだけの国家総動員の準備と計画を、あらかじめ整えておかなければならない。それが永田の安全保障構想の基本的観点であったといえよう。

それゆえ、内外での軍縮の動きについても、それが軍縮によって平和を促進しようとするものなら、目的にたいして方法を誤るものだと永田はみていた。国際紛争の原因が除去され、国際関係が正義によって厳格に律せられる世界が現出しないかぎり、「平和目的のために軍縮を策する」ことは、「順序の転倒」である、と。永田は、陸海軍ともに軍縮の実施によって、「財政的に利益をもたらす」、すなわち国家財政上の軍事負担を軽減することの意味は認めていた。だが浜口のような、軍縮を平和促進に有意味的に位置づける考え方には、はっきりと否定的であった。したがって、陸軍四個師団を削減した宇垣軍縮に永田が協力したのは、おもに軍の機械化を進めるための財政的な観点からであった。

このように永田は、大戦後も国際紛争の要因は除去されておらず、国際社会は今後も戦争を防止することは不可能と考え、いわば戦争不可避論の見方にたっていた。「崇高なる思念に立脚する平和運動」にたいしては、「満腔の敬意」を払うに吝《やぶさ》かでないが、「国防軍備を軽視閑却《かんきゃく》するがごときは、断じてこれを排撃せねばならぬ」。これが永田の姿勢であった（「現代国防概論」、昭和二年）。

3 資源自給と対中国戦略

「満蒙に向かうべき態度」

以上のように永田は、次期大戦は不可避だとみており、そのための国家総動員の準備計画の必要性を主張していた。したがって、戦争の現実的可能性が切迫してくれば、国家総動員の観点から各種軍需資源の自給体制が求められることとなる。だが永田のみるところ、帝国の版図内における国防資源はきわめて貧弱であり、「重要国防資源の自給を許さぬ悲しむべき境涯」にあり、したがって自国領の近辺において必要な資源を確保しておかなければならない、との判断をもっていた（『秘録永田鉄山』第三部第四章）。

この不足資源の供給先として、永田においては、満蒙をふくむ中国大陸が念頭に置かれていた。

永田は、主要な軍需不足資源のうち、特に「支那資源に関係深きもの」についての検討をおこなっている（「現代国防概論」、昭和二年）。そこでは、品目として、鉄鉱石、鉄、鋼、鉛、錫《すず》、亜鉛、アルミニウム、マグネシウム、石炭、石油など一七品目の重要な軍需生産原料をとりあげている。そして、それぞれについて、軍事用の用途、帝国内での生産の概況、「満蒙」「北支那」「中支那」の各地域で利用しうる概算量、それぞれの資源の需給に関する「観察」が記されている。ちなみに、この一七品目は重要な軍需資源をほとんど網羅するものであった。

その内容をもう少し詳細にみてみよう。

まず、鉄鉱石について。本土で七万トン、朝鮮で三五万トン産出し、百数十万トンを中国などから輸入している。「満蒙」において、産額は多くはないが「埋蔵量すこぶる多く」、一〇万トンから数十万トンの生産計画がある。北支は産額相当にあり、中支もすこぶる多い。したがって観察として、「資源豊富にしてかつ近き支那にこれを求めざるべからず」としている。

銑鉄《せんてつ》は、本土五七万トン、朝鮮一〇万トン産出。米英独などよりの輸入四〇万トン。鋼鉄は、百数十万トン産出。米英独などよりの輸入五〇万トン。外地では、銑鉄は満州の鞍《あん》山《ざん》製鉄所、鋼鉄は朝鮮の兼二浦《けんじほ》製鋼所を主とする。「満鮮に製銑・製鋼設備の新設拡張をなすことが極めて肝要」、との観察が記されている。

これら鉄鉱、銑鉄、鋼鉄の軍事上の用途は、武器・弾薬のほか各種器具・機械用である。

石炭は、三千数百万トン産出するが、優良炭に乏しい。輸出入量間での大差なく、中国・仏領インドシナなどよりの輸入量が大きい。満蒙、北支、中支ともに、産額すこぶる多く、優良炭は、北中支に多い。「戦時不足額はほとんど満蒙および北支那のみにて補足し得るがごとし。優良炭の一部は中支那より取得するを要すべし」との観察である。石炭の用途は、動力・熱発生源で、毒ガス原料でもある。

この四者は、軍需資源としてはもっとも重要かつ大量に必要とするもので、すべて満蒙、中国北中部での確保が考えられていることは、注意すべきである。

そのほか、鉱物資源としては他に、鉛・亜鉛は中支那の湖南省、錫は南支那、アルミニウム・マグネシウムは満州などが、供給可能地域として挙げられている。

石油についても、飛行機・自動車・船舶の燃料として、検討されている。帝国内百数十万石産出で、七〇〇万石が輸入され、米国よりの輸入が最大である。満蒙で撫順《ぶじゅん》頁岩《けつがん》油（油母頁岩からの抽出オイル）八五万石生産予定の他は、北支・中支ともに多少の油田はあるが調査試験中で、「支那資源によるも、目下供給著しく不足の状態にあり。速やかに燃料国策の樹立および之《これ》が実現を必要とする」、との観察が付されている。石油に関しては、中国資源によるとしながらも、必要分確保のはっきりした見通しが立てられていないといえよう。

その他の資源も、多くは満蒙および北中支那が供給可能地域とされている。

このように永田は、ほとんどの不足軍需資源について、満蒙および中国北・中部からの供給によって確保可能と想定しており、またそこからの取得が必要だと考えていたのである。

そして、その検討の最後に、つぎのような、コメントを付している。

「これを子細に観察せば、帝国資源の現状に鑑《かんが》みて、官民の一致して向かうべき途、我が国として満蒙に対する態度などが、言わず語らずの間に吾人に何らかの暗示を与うるのを感じるであろう」

これまでの検討から、日本が満蒙にたいしてとるべき態度が、示されているというのである。

すなわち、永田にとって、中国問題は基本的には国防資源確保の観点から考えられ、満蒙および華北・華中が、その供給先として重視されていた。とりわけ満蒙は、現実に日本の勢力圏として、その特殊権益が集積し、多くの重要資源の供給地であるばかりでなく、華北・華中への橋頭堡《きょうとうほ》として、枢要な位置を占めるものであった。このような満蒙の位置づけが、木曜会の満蒙領有論の背後にある観点だった。

敵対・提携関係のフリー・ハンド

ちなみに、一九二〇年代陸軍を統括していた宇垣一成は、長期の総力戦への対処として軍の機械化と国家総動員の必要を主張しており、その点では永田と同様であった（宇垣は、加藤〔高明〕護憲三派・憲政会単独両内閣、若槻憲政会内閣、浜口民政党内閣の陸相）。だが、基本戦略としてワシントン体制を前提に米英との衝突はあくまでも避けるべきとの観点に立っていた。したがって、おもに対ソ戦を念頭に、中国本土をふくまないかたちでの、日本・朝鮮・満蒙・東部シベリアによる自給自足圏の形成を考えていた。それは、資源上からも厳密な意味での自給自足体制たりえず、不足軍需物資は米英などからの輸入による方向を想定していた。その点では、第三章で紹介した、ワシントン会議時の海相加藤友三郎の考え方とほぼ同様であった。したがって、中国本土については米英と協調して経済的な発展をはかるべきであるとの姿勢だった（『宇垣一成日記』第一巻）。米英ともに中国本土には強い利害関心をもっていたからである。

宇垣一成

また、次期大戦のさいは、当然米英と提携することが想定されていた。当時ドイツとソ連は秘密軍事協力関係にあり、それをある程度認識していた陸軍中枢では、次期大戦勃発の場合、独ソ連携の可能性が高いとみていた。このことが宇垣の対ソ戦略重視姿勢と関連していたと思われる。もし大戦がふたたび起こるとすれば、ドイツと仏英米の対立を軸とするものになる蓋然性が大きいと考えられていたからである。

だが、永田からみれば、それでは次期大戦にさいして、国防上「独自の立場」すなわち自律的な立場を維持することができないことになる。軍需資源を米英から輸入することを前提にしていれば、それに制約され、提携関係も選択の余地なく米英側とならざるをえない。そのように提携関係においてあらかじめ選択を限定されれば、「国防自主権」、国防上の方針決定のフリー・ハンドを確保することができない。いわば国防的観点からみて国策決定の自主独立性が失われる。この点が、宇垣に永田がもっとも距離を感じ、反発していたところだった。もちろん、このことは米英との提携をアプリオリに拒否するものではなく、あくまでも敵対・提携関係のフリー・ハンドを確保しておこうとの意図からであった。このような観点は、武藤章ら統制派系幕僚にも受け継がれる。

宇垣の対米英協調のスタンスと異なり、永田の場合は、ソ連のみならず米英などとの対立の可能性も考慮に入れ、中国北中部をふくめた自給圏形成を構想していたのである。なお、宇垣は、次期大戦の可能性を考慮して、それに備えておくべきだとの姿勢であったが、永田のように次期大戦を不可避だとはかならずしも考えていなかった。

強制力による自給圏の形成

では、これらの中国資源確保の方法として、どのような具体的な方策が考えられていたのだろうか。

もし日中関係が安定しており、何らかの提携・同盟関係にあれば、戦時下においても必要な資源の供給を受けることは不可能ではなかった。だが、永田は当時の中国国民政府の「革命外交」と排日姿勢のもとでは、実際上それは困難だと判断していた。

したがって、この点について永田は、平時において、種々の方法で可能なかぎり確保できるような方策を立てておくべきだが、やむをえなければ、中国資源を「無理」にも「自分［日本］のものにする」方法をとらねばならないと考えていた。すなわち、場合によっては、軍事的手段など一定の強制力による中国資源の確保、満蒙・華北・華中をふくめた自給圏の形成が想定されていた。したがって、「国防線」の総延長は、「固有の領土ないし［現在の］政治上の勢力範囲」よりも「長大」なものとなるとみていた（「国防に関する欧州戦の教訓」、大正九年）。つまり現在の植民地や勢力圏より広い範囲、すなわち朝鮮や満蒙のみならず、場合によっては華北・華中などをふくめたものが日本の防衛圏となるというのである。

このような、不可避的と考えられる次期大戦にむけての「国家総動員」の準備と計画の整備。そのための工業生産力の増強と、そこで不足する資源の中国大陸からの調達。これが、永田鉄山の安全保障構想の骨格であった。

原や浜口、また山県においても、その構想は安全保障の観点のみならず、国際社会での地位の上昇や、国民生活の安定など、日本の長期的な発展のヴィジョンをふくむものであった。安全保障の問題は、その長期的ヴィジョンのなかに位置づけられていた。

だが、永田の場合は、その構想全体が、来るべき大戦に備える「国防」の観点、安全保障の観点で貫かれている。したがって、陸軍の政治関与の必要性もその観点から考えられていたのである。そこに永田の構想の特異性があった。

ワシントン体制への反発

さて、満州事変後の発言になるが、事変について永田は、「非道きわまる排日侮日《ぶにち》」のなか、「暴戻《ぼうれい》なる遼寧軍閥（張学良）の挑発」にたいし、余儀なく「破邪顕正《はじゃけんしょう》の利刃」をふるったものだ、と主張している。さらに「民族の生存権を確保し福利均分の主張を貫徹するに、何の憚《はばか》る所があろうぞ」、とも述べている（「満蒙問題感懐の一端」、昭和七年）。

永田のみるところ、日露戦争によって確立した満蒙権益は、欧米諸国の圧迫干渉をうけ、ことに原敬内閣による新四国借款団加入以来、権益の削弱を余儀なくされた。さらに、ワシントン会議、ロンドン軍縮会議などの圧迫によって、国防力は相対的に低下した。そのことが、中国を「増長」させ、国民政府の「革命外交」の進展にともない、「排日侮日の行為」を激化させることとなった。したがって満州国に対する中国側の反抗は今後「いよいよ熾烈となるであろう」、というのである。

すなわち、満蒙権益は日本の「生存権」とかかわるものであり、国民政府の「革命外交」における排日侮日の態度からして、今後中国側の反抗はさらに激しいものとなるだろう。だが、それには生存権確保の観点から断固対処する。それが永田の姿勢であったといえよう。しかも、中国の反日姿勢の要因として、ワシントン体制による対日圧迫があるとみていたのである。永田は、その後もくりかえし同様な認識を示しており、ことに中国革命外交の背景にはアメリカの中国への利害関心、ことにその海軍力があると考えていた。つまり、米英協調によるワシントン体制には批判的なスタンスだったのである。

永田のみるところ、中国国民革命は、排日侮日を引き起こし、張学良下の奉天軍閥の反日姿勢とともに、自給資源確保にとって橋頭堡的な意味をもつ満蒙の既得権益を危くするものであった。そのことからまた、戦時の軍需資源全体の自給見通しの確保についても、通常の外交交渉による方法ではきわめて困難な状況に追い込まれつつあると判断していた。

ここからは中国大陸からの資源確保の具体的方策の方向性が、おのずと示されているといえよう。それが、永田にとっての満州事変であり、その後の華北分離工作（華北地域の勢力圏化）であった。

このような方向は、原や浜口ら政党政治の中国政策とはもちろん、宇垣のそれとも異なるものであり、ワシントン体制とりわけ中国の領土保全と門戸開放を定めた九ヵ国条約と、厳しい緊張を引き起こす可能性をもつものであった。

先にふれた、木曜会の満蒙領有方針は、この永田の構想から強い影響を受けていた。満州事変の関東軍側首謀者石原莞爾も、満蒙領有、中国本土資源確保による自給体制の構築という明確なプランをもっていたが、このような永田構想の影響下にあった。

なお、永田の政党政治への批判、それに協力的な宇垣への主要な批判は、右に述べたような意味で、その国防上の米英協調路線にあったといえる。また、国内政治体制の問題についても、永田は、政党政治の方向に対抗して、「純正公明にして力を有する軍部」が国家総動員論の観点から政治に積極的に介入すること、すなわち軍部主導の政治運営を主張している（「国防の根本義」）。

永田はいう。「近代的国防の目的」を達成するには、挙国一致が必要であり、それには政治経済社会における幾多の欠陥を「芟除《せんじょ》」しなければならない。だが、そのためには「非常の処置」を必要とし、それは従来の政治家のみにゆだねても不可能である。したがって、「純正公明にして力を有する軍部」が適当な方法によって「為政者を督励する」ことが現下不可欠の要事である、と。

このような永田の構想が、満州事変以降の昭和陸軍をリードしていくことになる。その後、陸軍パンフレット『国防の本義と其強化の提唱』（一九三四年）において、彼の考えはさらに展開されるが、軍務局長在任中、皇道派と統制派の派閥抗争のなかで殺害される。

つぎに、そのような事態の展開もふくめ、満州事変以降の永田構想の展開をみていこう。

4　満州事変と政党政治の否定

関東軍・一夕会と宇垣派の対立

満州事変直前の陸軍中央首脳部は、南次郎《みなみじろう》陸相、杉山元《すぎやまはじめ》陸軍次官、小磯国昭《こいそくにあき》軍務局長（陸軍省）、金谷範三参謀総長、二宮治重《にのみやはるしげ》参謀次長、建川美次《たてかわよしつぐ》情報部長（参謀本部）など、ほ

とんど宇垣派で占められていた（二二三頁図表参照）。なお内閣は、浜口雄幸民政党内閣の後を継いだ、第二次若槻礼次郎民政党内閣であった。

事変勃発当初、若槻内閣は事態不拡大の方針をとり、南陸相や金谷参謀総長もその方針を尊重していた。しかし、石原らの関東軍と連動する永田ら陸軍中央の一夕会系幕僚の働きかけで、小磯軍務局長や建川情報部長が、関東軍の動きをある程度容認し、南や金谷の姿勢も変化していく。その結果陸軍首脳部は、朝鮮軍の満州派兵をはじめ、南満主要都市の軍事占領、満州での自治的独立新政権の樹立などの関東軍の独断行動を事後承認した。これにともなって若槻内閣のスタンスも同様に変化する。南陸相の辞職による内閣崩壊によって、関東軍へのコントロールが完全に失われるのを恐れたからである。

だが、それ以後、関東軍や一夕会系中央幕僚と、宇垣派陸軍首脳部の対立が表面化する。関東軍は北満進出と錦州（満州西部。二六二頁地図参照）占領を企図し、陸軍中央の一夕会系幕僚もこれを基本的に支持していた。だが陸軍首脳部は、石原ら関東軍主要幕僚の更迭など強硬姿勢を示し、それを阻止した。宇垣派首脳部は、北満進出によるソ連との衝突、錦州占領によるイギリスとの軋轢を危惧していたからである。当時北満はソ連の勢力圏であり、錦州にはイギリスの特殊権益が関係していた。また、石原らは中国の主権を否定する満州国建国方針であり、一夕会系中央幕僚もこれを容認していた。だが南ら陸軍首脳部はそれを認めず、自治的独立政権樹立（中国の主権は存続）に止める意向で、同様に強硬な姿勢を示した。満州での中国主権の否定は、九ヵ国条約違反とみなされる可能性が高かったからである。このような陸軍首脳部の姿勢は、国際協調を維持しようとする若槻内閣からの要請によるものでもあった。

こうして、関東軍や一夕会系中央幕僚は、宇垣派陸軍首脳部の強硬姿勢に抑え込まれ、若槻内閣と陸軍首脳部の連携によって身動きが取れない状態となったのである。

荒木の陸相就任

だが、このようなクリティカルな局面で、一九三一年（昭和六年）一二月一一日、若槻内閣が突然閣内不統一によって総辞職する。

若槻内閣と南陸相以下宇垣派首脳部によって抑え込まれていた、関東軍や一夕会系幕僚にとっては絶妙なタイミングであった。

同年一二月一三日、元老西園寺らの奏薦によって犬養毅政友会内閣が成立。一夕会が擁立しようとした三将官の一人荒木貞夫教育総監部本部長が陸軍大臣となった。

これは永田ら一夕会が、政友会有力者の小川平吉《おがわへいきち》や森恪などへの政治工作を通じて、犬養首相に強力に働きかけた結果であった。

たとえば永田は、小川平吉につぎのような書簡を送っている。

「陸相候補につき、至急申し上げます。……長老［は］あるいは阿部中将を推すかも知れず、……少なくも候補の一人には出ることと思いますが、同中将では今の陸軍は納まりません。……今日、同氏は絶対に適任ではありませぬ。……荒木中将、林中将（銑十郎）あたりならば衆望の点は大丈夫に候。この辺の消息は森恪氏も承知しある筈です（……最近阿部熱高まりしは宇垣大将運動の結果なりとて、部内憤慨致し居り候）」（『小川平吉関係文書』）

宇垣の推す阿部《あべ》信行《のぶゆき》前陸軍次官を退け、荒木か林を陸相に、との趣旨である。小川は犬養への書簡で、この永田の意見を、陸軍要路のきわめて公平なる某大佐からのものとして伝え、自らも荒木を最適任としている。

この荒木の陸相就任は重要な政治的意味をもっていた。

荒木は陸相に就任するや、皇族の閑院宮載仁《かんいんのみやことひと》親王を参謀総長にすえるとともに、台湾軍司令官の真崎甚三郎を参謀次長におき、以後真崎が参謀本部の実権をにぎることとなる。真崎もまた一夕会が推す三将官の一人であった。

荒木・真崎は、二月には、軍務局長に山岡重厚《やまおかしげあつ》を、作戦課長に小畑敏四郎を任命。四月、永田が情報部長、山下奉文が軍事課長に就任。小畑が在任わずか二ヵ月で運輸通信部長に転じ、後任の作戦課長には鈴木《すずき》率道《よりみち》がつく。彼らはすべて一夕会員だった。そして、南、金谷のみならず、宇垣派の杉山、二宮、建川、小磯らも中央から追われ、宇垣派は、すべて陸軍中央要職から排除された。

陸軍における権力転換がおこなわれ、一夕会系幕僚と彼らの推す荒木・真崎が陸軍の実権を掌握することとなったのである。

荒木貞夫

満州国建国宣言

一方、荒木陸相就任直後、一夕会系幕僚主導で、「満蒙（北満をふくむ）」は、独立新政権下より「逐次帝国の保護的国家に誘導す」との陸軍「時局処理要綱案」が作成された。陸軍中央で公式に満蒙独立国家建設が具体的プログラムにのぼったのである。中国主権下での新政権樹立から独立国家建設へ、陸軍満蒙政策の大きな変化であった。

なお、「要綱案」では、中国本土については、排日排貨の根絶を要求するとともに、反張学良反蔣介石勢力を支援し国民党の覆滅を期す。また、必要があれば重要地点での居留民保護のため出兵を断行する、とされている。

この陸軍「時局処理要綱案」の満蒙政策方針を基本に、陸軍省・海軍省・外務省関係課長による三省協定案が策定された（陸軍側は永田軍事課長）。そして、一九三二年（昭和七年）三月一二日、犬養内閣は、「満蒙問題処理方針要綱」を閣議決定した。そこでは、三省協定案をもとに、「満蒙」は、独立政権の統治支配領域となっている現状に鑑み、「逐次一国家たるの実質を具有する様これを誘導す」とされた。独立国家建設方針が内閣の正式承認をえたのである。すでに三月一日、満州国建国宣言は、関東軍主導のもと前黒竜江省長張《ちょう》景恵《けいけい》を委員長とする東北行政委員会によって発せられていた。

さて、荒木陸相・真崎参謀次長下の陸軍中央は、本土・朝鮮より満州に兵力を増派。関東軍は、陸軍中央の承認のもとに錦州を攻撃・占領した。さらに関東軍は同様に北満の中心都市ハルビンを攻撃・占領した。また、北満の要衝チチハル（当時北満黒竜江省省都）も長期占領の態勢となった。ここに日本軍は、南北満州の主要都市をほとんどその支配下に置くこととなった。事変開始から四ヵ月半であった。

一方、関東軍の軍事行動にたいして、中国国民政府は国際連盟に提訴。連盟理事会は現地への調査団派遣を決定し、一九三二年（昭和七年）二月、リットン調査団が来日した。また、アメリカのスティムソン国務長官（フーバー共和党政権）は、一月、満州に関して中国の領土保全や不戦条約に反するような事態は一切認めないとする、いわゆる不承認宣言（スティムソン・ドクトリン）を発表した。

このようななかで満州国建国宣言がなされ、閣議決定「満蒙問題処理方針要綱」によって、満州事変は一つの区切りを迎えるのである。

なお、満州事変について、一般には関東軍に陸軍中央が引きずられたものとの見解がある。

だが、これまでみてきたように、関東軍に引きずられたというより、中央の一夕会系中堅幕僚グループがそれに呼応し、陸軍首脳を動かしたとみるべきであろう。したがって、満州事変は、石原・板垣らの関東軍と、陸軍中央の永田・岡村・東条ら一夕会系中堅幕僚グループの連携によるものといえる。

溥儀の執政就任式

政党政治の終焉

さて、犬養政友会内閣は、独立国家建設の方向を基本的に容認していたが、国際社会への考慮から、満州国の正式承認には消極的であった。そのようななかで、五・一五事件がおこる。

一九三二年（昭和七年）五月一五日、三上卓《みかみたく》・古賀清志《こがきよし》ら海軍青年将校および陸軍士官候補生、愛郷塾生などが首相官邸、警視庁その他を襲撃、犬養毅首相を殺害した。

二二日、元朝鮮総督斎藤実《さいとうまこと》（海軍大将・後備役）が元老西園寺らの奏薦をうけて首相に任命され組閣した。その後敗戦まで政党内閣は復活することなく、犬養内閣を最後に政党政治の時代は終わりをつげる。

斎藤内閣の陸相には荒木が留任し、同じころ林銑十郎が教育総監となった。参謀本部は真崎次長が実権を掌握しており、一夕会が推す荒木・林・真崎が事実上陸軍のトップを占める状態となったのである。

この間、参謀本部情報部長（陸軍少将）となっていた永田は、原田熊雄《はらだくまお》・近衛文麿・木戸《きど》幸一《こういち》ら西園寺側近グループと懇談し、つぎのように述べている。

「現在の政党による政治は絶対に排斥するところにして、もし政党による単独内閣の組織せられむとするがごとき場合には、陸軍大臣に就任するものは恐らく無かるべく、結局、組閣難に陥るべし」（『木戸幸一日記』）

政党政治への強い否定的姿勢と、陸相の進退によって内閣をコントロールすることが示唆されているのが注意をひく。

なお、一夕会の小畑敏四郎、鈴木貞一も、同様の意見を原田ら西園寺側近グループに伝えている。また荒木も直接西園寺に面談し、政党内閣に否定的な意見を述べている。

このようにして成立した斎藤実内閣は、九月一五日、日満議定書を調印し、満州国を正式に承認した。

さて、一九三二年（昭和七年）一〇月、日本軍の行動および満州国は承認できないとする、国際連盟リットン報告書が公表された。その後、リットン報告書をもとにした対日勧告案が連盟総会で可決され、翌年三月、日本は国際連盟を脱退する。

また、同年（一九三三年）五月、日中間で塘沽《タンクー》停戦協定が締結され、満州事変は一応終結する。

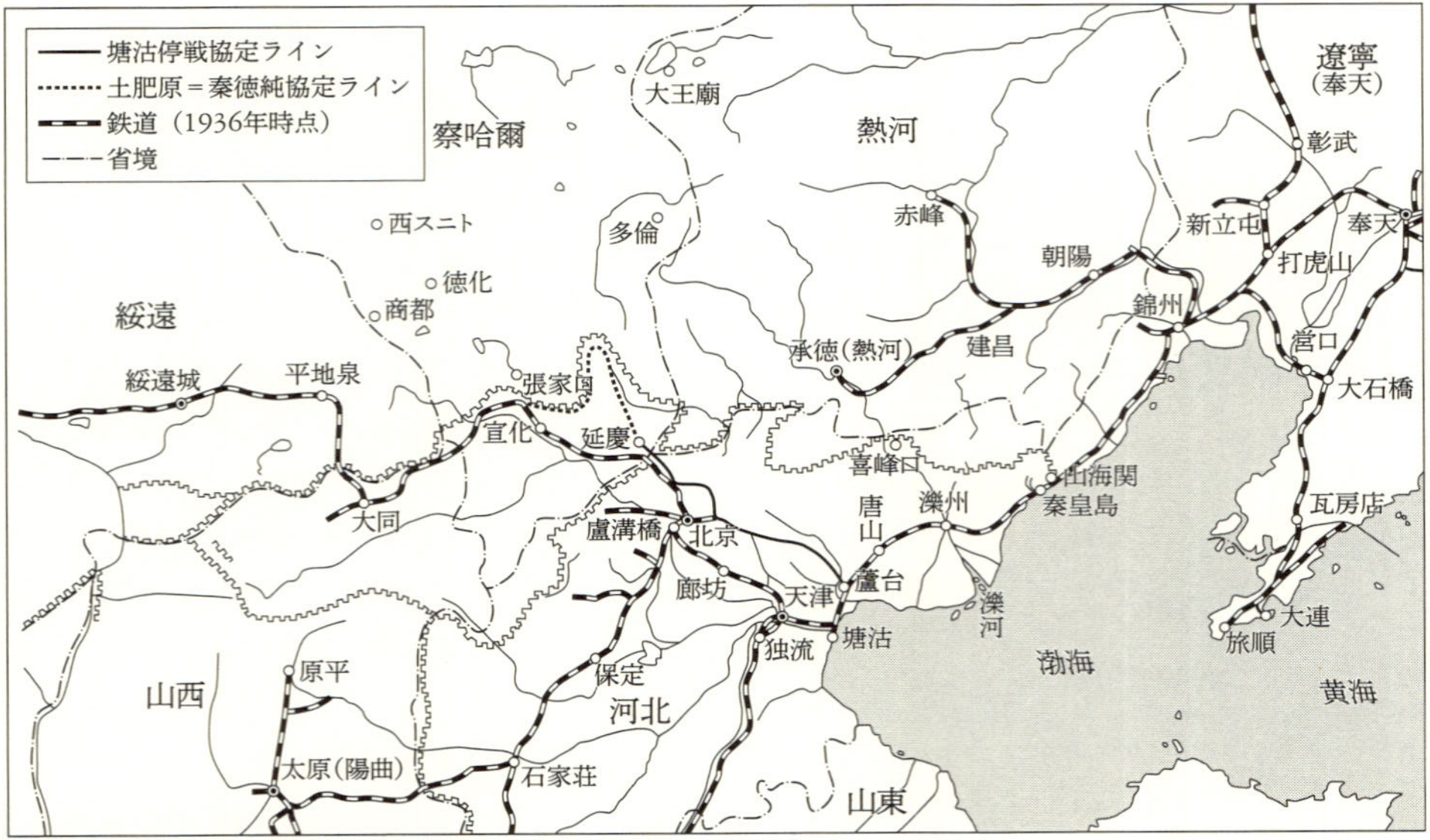

中国北部（『現代中国地名辞典』による）

5　陸軍派閥対立と『国防の本義』

皇道派と統制派

塘沽停戦協定締結直前の一九三三年（昭和八年）四、五月ごろ、一夕会内部で、二葉会以前からの盟友である、永田と小畑の政策的対立が表面化する。これをきっかけに、陸軍中央における皇道派と統制派の抗争がはじまることになる。

当初、永田ら一夕会は、陸軍主流の宇垣派に対抗して、反宇垣派将官の荒木・真崎・林を擁立し、彼らをコントロールすることによって、陸軍の実権を掌握しようとした。それによって宇垣派とは異なる方向で国家総力戦に向けた態勢を整えることを意図していた。当時一夕会員は、すべて課長級（大佐クラス）以下で、彼らが陸軍中央を動かすには、陸軍首脳のポストにつきうる将官の協力を必要としたからである。

だが、荒木が陸相に、真崎が参謀次長になるや、逆に、荒木・真崎は、一夕会における永田と小畑の個人的な確執に乗じて、一夕会の土佐系、佐賀系会員を抱き込み、彼らを有

小畑敏四郎

力ポストにつけて徐々に皇道派を形成した。土佐系では、小畑敏四郎運輸通信部長、山岡重厚軍務局長、山下奉文軍事課長など、佐賀系では、牟田口廉也《むたぐちれんや》庶務課長、土橋勇逸軍事課高級課員などが加わった。これに真崎側近の柳川平《やながわへい》助《すけ》陸軍次官（佐賀）、真崎に近い松浦淳六郎《まつうらじゅんろくろう》陸軍省人事局長、秦真次《はたしんじ》憲兵司令官、香椎浩平《かしいこうへい》教育総監部本部長（すべて福岡）などが連なっていた。彼らが皇道派の中核を構成することとなる。

これによって一夕会に亀裂が入り、永田ら一夕会主流は、荒木・真崎らをコントロールすることが困難になる。そして、荒木陸相、真崎参謀次長を中心とする皇道派が、陸軍内でヘゲモニーを掌握することとなった。

一方、永田のもとには、東条英機、武藤章、冨永恭次《とみながきょうじ》、池田純久《いけだすみひさ》、影佐禎昭《かげささだあき》、四方諒《しかたりょう》二《じ》、片倉衷《かたくらただし》、真田穣一郎《さなだじょういちろう》、西浦進《にしうらすすむ》、堀場一雄《ほりばかずお》、服部卓四郎《はっとりたくしろう》、辻政信《つじまさのぶ》ら中堅少壮の中央幕僚が集まっていた。彼らがいわゆる統制派を形成することとなる。

こうして、この時期の対立が、以後の皇道派と統制派の本格的な派閥抗争へと展開し、それに皇道派とつながる隊付青年将校国家改造グループ（のちに二・二六事件を起こす）の動きが連動していくのである。

対ソ戦略をめぐって

では、この時期の永田と小畑の対立は、どのようなものだったのだろうか。永田の構想と関係するかぎりで簡単にみておこう。それは主に対ソ戦略をめぐる問題だった。

まず、小畑とその周辺は、つぎのように考えていた。現在の日本の対満国策は、五族協和の崇高な理想にもかかわらず、「客観的本質」においては「大和民族の満蒙支配」であることは否定できない。ソ連からみれば、日本の政略はソ連の北満経営を覆滅するものであり、ソ連にたいし多大の脅威と憤懣とを与えつつあることは事実である。

にもかかわらずソ連がそれに反攻してこないのは、国内の全般的実力がそれを許さないからであり、また対外的に列国との関係が厳しい状況にあるからである。したがって、自国の国力が回復し、列国の対日感情が悪化するなど条件が整えば、チャンスをとらえて反攻してくることは明らかだ、と。

このような認識を前提に、それに対処するためには、そのような条件が整う以前に、ソ連に一撃を加え、極東兵備を壊滅させる必要がある。そう小畑らは主張していた。そしてそのために、一九三六年（昭和一一年）前後の対ソ開戦を企図していた。これは、ソ連の第二次五ヵ年計画完了（一九三七年）による国力充実以前に、極東ソ連軍に打撃を与えようとするものであった（『帝国国策』『国策理由書〔皇国内外情勢判断〕』）。

これにたいして永田らは、第二次五ヵ年計画終了の数年後まではソ連の戦争準備は完了せず、したがって、対ソ開戦を一九三六年前後の時点にあらかじめ設定するのは妥当でない、と主張した。

すなわち、第二次五ヵ年計画が完了すれば直ちに戦争力が充実すると考えるのは、ソ連内部の事情や産業発達の状況などから妥当でない。第二次五ヵ年計画の完了後数年を経過しなければ、戦争遂行の力を発現するにはいたらない。また、現在の国際情勢は、日本にとって有利なものではなく、満州国の迅速な建設が焦眉の課題である。国内情勢も、政治的経済的社会的に幾多の欠陥があるため、挙国一致は表面的なもので、「国運を賭する大戦争」を遂行するには適当でない現状にある。したがって、かりに対ソ戦に踏み切るとしても、満州国経営の進展、国内事情の改善、国際関係の調整などの後に実施すべきである、と（『根本国策並対策大綱』）。永田は、対ソ戦は長期の国家総力戦となる可能性がきわめて高く、資源問題など国家総動員の見通しの確立を欠くことができないとして慎重な姿勢をとっていたのである。

なお、陸軍首脳部では小畑らの主張が優勢であったが、政府レベルでは、そのような早期対ソ開戦論は、閣僚の強い反対をうけ採用されなかった。

このような対ソ戦略についての小畑と永田の対立は、同時期前後の日ソ不可侵条約問題や北満鉄道買収問題への両者の対応と連動していた。

日ソ不可侵条約の問題は、日ソ国交樹立の翌年一九二六年にソ連から提議されて以来、断続的に日ソ間でやりとりがなされていたが、満州事変後の一九三二年、あらためて提案がなされ、斎藤実内閣のもとで本格的に検討された。

永田・武藤ら参謀本部情報部（武藤は情報部長［永田］直轄の綜合班長）は、条約締結に積極的で「即時応諾すべし」との意見であった。しかし陸軍部内では、主流（皇道派）の荒木、真崎、小畑、鈴木貞一ら対ソ強硬派が反対で、永田らの意見は採用されなかった。

一方、北満鉄道問題については、一九三三年四月、カラハン外務人民委員代理から、ソ連管理の北部満州鉄道売却について正式提案がなされた。外務省は、満州国による買収を基本方針として決定、陸軍と折衝をはじめた。

その時陸軍では、小畑・荒木らが、つぎのように反対した。一九三六～三七年ごろまでには日本はバイカル湖周辺までは進出しており、その時北満鉄道は自然に手に入れることができる。したがって、いま買収する必要はなく、また買収すれば第二次五ヵ年計画中のソ連を資金的に利することになる、と。これにたいして、永田らは「日本と満州で買収すべき」との意見であった。

その後、斎藤内閣は外務省案のラインで満州国による北満鉄道買収を閣議決定。ソ連と買収の具体的折衝に入り、翌々年三月に交渉が妥結。北満鉄道は満州国に譲渡されることとなった。

このように、日ソ不可侵条約と北満鉄道買収についても、永田は賛成、小畑は反対と対立したのである。

ちなみに、ヨーロッパでは、一九三三年一月、ドイツで、ヴェルサイユ条約の打破と再軍備を主張するナチスが政権を掌握していた。永田が危惧していたヨーロッパでの紛争の口火が切られようとしていたのである。したがって、永田の当面の対外戦略も慎重なものとならざるをえなかった。このナチスの政権掌握はやがて世界大戦へとつながっていく。

平時における国家統制

さて、皇道派と統制派の力関係は、派閥形成当初、陸軍中央では皇道派が優勢であったが、幕僚間で徐々に統制派の影響力が拡大してくる。塘沽停戦協定締結翌年の一九三四年(昭和九年)一月、荒木陸相が病気を理由に辞任し、かわって教育総監の林銑十郎が陸相となった。荒木・真崎の手法に不満をもっていた林は、永田系中堅少壮幕僚の強い働きかけもあり、同年三月、荒木・真崎らと距離を生じていた永田を軍務局長に据えた。軍務局長は事実上陸軍の実務トップで、陸軍内に強い影響力をもっていた。なお、教育総監には参謀次長を退いた真崎甚三郎が就いた。

七月、帝国人絹の持株売買をめぐる政界疑惑（いわゆる帝人事件）で斎藤実内閣が総辞職し、かわって海軍出身の岡田啓介が組閣したが、林陸相は留任した。

一〇月、陸軍省パンフレット『国防の本義と其強化の提唱』が発行された。その原案は、永田軍務局長の指示で、統制派メンバーであった陸軍省軍事課員池田純久らが、矢《や》次《つぎ》一夫《かずお》・大蔵公望《おおくらきんもち》など国策研究会の協力をえながら執筆した。そしてさらに永田の点検と承認をへて発表されたもので、永田の意向に沿ったものであった。

このパンフレットでは、「国家の全活力を綜合統制」する方向での国防国策の強化が主張されている。その内容は、軍備の充実、経済統制の実施、資源の確保など、それまでの永田の議論の延長線上にあるものといえる。

ただ、以前の永田の議論から一つの変化がみられることが、注意を引く。それは、「国家総動員的国防観」から「近代的国防観」への転換の必要が強調されている点である。

前者は、第一次世界大戦後の国家総力戦対応への要請から、戦時における人的物的資源の国家総動員を実現するため、平時にその準備と計画を整えておこうとするものであった。このような考え方は、従来の永田の構想とほぼ同様である。

ただ、パンフレットによれば、近年、国際連盟がその「無力」を暴露し、「ブロック対立」の状況となることによって、世界は「国際的争覇戦時代」となった。そのもとで「平時の生存競争」である不断の「経済戦」が戦われている。「国際的生存競争」は白熱状態となり、「平時状態」において「国家の全活力を綜合統制」しなければ、「国際競争そのものの落伍者」となる。

そのような認識から、後者（「近代的国防観」）においては、平時においても「国家の全活力を綜合統制」すること、すなわち一種の総動員的な国家統制が必要とされる。その意味で、国家統制の論理が、戦時のみならず平時をも貫徹する。「国防」の観念も、国家の「平時の生存競争たる戦争」をふくむものであり、戦時・平時を問わず規定的なものとして要請される。これは軽視しえない点である。

前述したように、かつて永田は、国家総動員のための国家統制は戦時のために考えられており、平時にはそのための準備と計画が必要だとしていた。だが、この時点では、戦時のみならず、平時においても国家の全活力の総合統制、すなわち国家統制による国家総動員の実施が要請されているのである。

戦時のみならず平時における国家統制の主張。そこにこの文書の一つの特徴があるといえよう。その背景には、満州事変、国際連盟脱退をへて、国際的緊張状態のなかで政治的発言力を増大させてきた永田ら陸軍中枢の、国家統制への意志が示されているといえよう。

なお、平時での不断の「経済戦」の具体的内容として、たとえば、世界恐慌以後、欧米列強の圧迫により、中国市場などから駆逐されるおそれがあるとの認識が示されている。それに対処するには「経済および貿易統制」を断行し、さらには中国市場の確保、新市場の獲得をはからねばならず、また「経済封鎖に応ずる諸準備」も怠るべきでないという。したがって、このような「非常時局」は「協調的外交工作」のみによって解消しうるものではなく、場合によっては「破邪顕正の手段として武力に訴える」用意も必要だとされる。

陸軍パンフレットのなかの安全保障構想

また、この文書では、対米・対中政策とその相互関連について、つぎのような興味深い見方を示している。

来年（一九三五年）予定されているロンドン海軍軍縮条約の延長改定に関する会議では、

日本は絶対に「国防自主権」を獲得することが必要である。したがって、従来のように「比率」を強要されるようなことは、断じて許容しえない。「海軍力の消長」は、対米関係のみならず、対中国政策の成否とかかわる。

アメリカが日本にたいし絶対優勢の海軍を保持しようとするのは、アメリカの対中国政策である「門戸開放主義」を強行するためである。中国もまた、そのアメリカの力を借り、つねに排日的な政策をとってきている。中国国内の英米派は、「満州の奪回」を企図し、日本の東アジアにおける政治的地歩の転落を策謀していると伝えられる。したがって、このような「策動」の消長は、日本の海軍力がアメリカの海軍力に圧倒されるか否かにかかっている。それゆえ、今回の海軍軍縮会議において日本の主張が貫徹するか否かが、今後の中国の対日動向を決定する指針となる、と。

つまり、海軍軍縮は対中国政策と密接に関係している。アメリカの海軍力を背景とする中国の対日「策動」を抑え込む観点からも、軍縮条約改定にさいしては、従来のようなアメリカ優位の比率による条約は認められない。そういうのである。したがって当然、会議決裂も辞さないとの強硬な姿勢であった。

永田は、中国での「排日侮日」は、国民政府の「革命外交」によるもので、その背景には海軍軍縮など米英の対日圧迫があるとの認識をもっていた。ここでも同様の観点から、中国の排日を抑え込むには、アメリカと対抗しうる強力な海軍力が必要だとされるのである。したがって、アメリカ海軍力への対抗は、対米戦の現実的可能性からというより、対中強硬姿勢すなわち中国の排日「策動」を制圧することを主眼としたものであった。

かねてから永田はこう考えていた。アメリカの経済力による極東支配は排撃しなければならない。しかし、海軍はロンドン海軍軍縮条約破棄を契機とする「日米戦争の勃発」を憂慮しているが、それは「杞憂」である。条約破棄となった場合、アメリカの対日感情が極度に悪化するとしても、アメリカが対日戦を決意するまでには至らないだろう。したがって、日米間の問題は「政治的解決の方途」を見出すことが可能である、と。すなわち、永田は、アジアに死活的利害をもたないアメリカとのあいだに妥協不可能な対立はありえず、日米間の問題は政治的に解決可能だとみていたのである。このような対米認識は、武藤章など永田直系の統制派幕僚にも受け継がれていく。

また、永田らは、革命外交をかかげ排日政策を進める、蔣介石らの国民党政権との調整は不可能とみていた。したがって、それにかわる親日的な政権——日本の資源・市場確保の要請を受容しうる——の樹立による「日支提携」が考えられていたのである。

対ソ政策については、ソ連の「挑戦的態度」からして、いつ「自衛上必要なる手段」を要する事態が発生するやもしれず、陸軍軍備と空軍の充実が喫緊《きつきん》の課題だとしている。ただ、そのような事態は「極力回避すべき」として、対ソ戦には慎重な姿勢を示している。

永田の対ソ政策は、従来の対露（対ソ）必戦論とは異なり、日ソ不可侵条約締結論や北満鉄道買収論にみられるように、きわめて慎重なものだった。それは次期大戦での提携・同盟関係を念頭に置いたものであった。当時陸軍中枢では独ソ間の連携（軍事協力）はある程度知られており、次期大戦が起こるとすれば、仏英米と独ソの対立が軸になる可能性が高いと考えられていた。したがって、大戦へのコミットメントにさいしてのフリー・ハンドを保持しようと考えていた永田は、かならずしも対ソ必戦論には与《くみ》していなかったのである。あらかじめ対ソ必戦論にスタンスを固定化せず、仏英米と独ソの対立となった場合、仏英米側につくか独ソ側につくかは、資源自給の確保によって国策決定の自由を保持しつつ、種々の要素の総合的な判断から決しようと考えていたと思われる。

このような『国防の本義と其強化の提唱』の観点が、永田の国防戦略、安全保障構想の、この時点での新しい展開であったといえよう。

6　皇道派排除と華北分離工作

真崎の罷免

さて、陸軍省軍務局長という実務上の最重要ポストに就いた永田は、林陸相を動かし、皇道派の陸軍中央からの排除に着手する。また永田は、隊付青年将校の国家改造運動について、軍の統制を乱し、むしろ軍による国家改造を困難にしているとして、許容しない姿勢であった。ここから皇道派と統制派の激しい派閥抗争が本格化する。抗争の詳細は省くが（拙著『昭和陸軍の軌跡』参照）、まず、一九三四年（昭和九年）八月、林・永田は、皇道派の柳川平助陸軍次官、秦真次憲兵司令官、山下奉文軍事課長を更迭。つづいて翌年三月、皇道派の松浦淳六郎人事局長を転出させた。これに真崎教育総監ら皇道派は激しく抵抗し、さまざまな対抗手段を講じたが、結局林陸相に押し切られる。

このころ、永田ら統制派は、軍務局長となった永田を核に、林陸相を動かすことで、真崎ら皇道派に対抗して、陸軍での権力的地位を確保しようとしていた。林陸相もまた、疎隔を生じていた真崎らと距離を置くには、永田ら統制派に頼らざるをえないと考えていた。

一方、林・永田らの攻勢によって窮地に立った真崎ら皇道派は、倒閣によって林陸相やそれに連なる永田ら統制派を失脚させ、一気に勢力の逆転をはかろうとした。真崎は教育

真崎甚三郎

総監の職務を利用して、当時岡田内閣に批判の矛先を向けていた国体明徴《こくたいめいちょう》運動（天皇機関説批判）をバックアップし、倒閣を実現しようとした。

だが、同年（一九三五年）七月、林陸相は、永田の意見にもとづいて、真崎に教育総監の勇退を求めるとともに、皇道派を陸軍中央要職から全面的に排除する人事案を諮った。だが真崎はこれを拒否。そこで、林陸相は、その日のうちに真崎教育総監罷免の手続きをとり、林と陸士同期の渡辺錠太郎《わたなべじょうたろう》軍事参議官を教育総監とした。

林陸相による真崎罷免は、すぐに皇道派系の各種の怪文書によって広く知られるようになった。それらは、真崎罷免の黒幕を永田軍務局長としており、これに憤激した皇道派系の国家改造派隊付将校相沢三郎《あいざわさぶろう》中佐によって、八月一二日、永田は陸軍省の執務室で刺殺された。

「対北支那政策」とヨーロッパ情勢

その間中国では、一九三五年（昭和一〇年）五月ごろから、日本軍による華北地域の勢力圏化を意図する、いわゆる華北分離工作がはじまる。日本側現地軍は、天津での親日系新聞社社長暗殺事件などを理由に、中国側に華北北東部からの国民政府・国民党諸機関の撤退を要求。六月、梅津《うめづ》＝何応欽《かおうきん》協定、土肥原＝秦徳純《しんとくじゅん》協定によって国民政府勢力を、華北北東部の河北省・察哈爾《チャハル》省より排除した。

さらに、同年八月六日、陸軍中央から現地軍にたいして、「対北支那政策」が通達された。そこには、河北省・察哈爾省・山東省・山西省・綏遠《すいえん》省の「北支五省」を、「南京政権の政令」によって左右されない、「自治的色彩濃厚なる親日満地帯」たらしむこと。華北における「一切の反満抗日的策動」を解消して、日満両国とのあいだに「経済的文化的融通提携」を実現すること、などが記されてある。

それは、華北五省の自治化による南京政府からの分離、すなわち華北分離にむけての工作を指示したものであった。そこでは、満州国の背後の安定とともに、日本・満州・華北による経済圏を形成し、華北五省の資源と市場の獲得、すなわちその勢力圏化が意図されていた（二六二頁地図参照）。

この「対北支那政策」は、永田の意向のもと軍務局軍事課において起案され、林銑十郎陸軍大臣の承認を受けたもので、武藤章が担当主務課員の一人だった。その内容は、これ

武藤章

までみてきた永田の構想——国家総力戦、国際的経済戦争のための資源と市場の確保——の延長線上にあるもので、この時点で、永田らはそのための華北の勢力圏化に一歩踏み出したのである。また、永田ら軍務局は、まもなく設立される国策会社「興中公司」によって、華北の経済開発を推し進めようとしていた。

ちなみに、華北分離工作がはじまる直前の同年三月、ナチス・ドイツが、再軍備宣言をおこなった。ヴェルサイユ条約を破棄し、急激な軍備拡張に着手したのである。ヨーロッパでは、これによってヴェルサイユ条約体制が破綻し、ドイツ周辺での国際的緊張が高まることとなる。可能性としては、第一次世界大戦の導火線となったような軍事紛争も考えられる、不穏な情勢となってきたのである。その意味で、次期大戦の勃発が、単なる将来の仮定的な想定ではなく、現実的な可能性となりつつあったといえよう。

この時点で、永田ら陸軍中央が華北分離工作に乗り出したことは、このような欧州情勢と無関係ではないだろう。永田は、前述のように、次期大戦は、ドイツをめぐってヨーロッパから起こる可能性が高いとみていた。ドイツのヴェルサイユ条約破棄と本格的再軍備によって、その蓋然性が強くなってきたのである。したがって、近い将来での大戦の可能性を念頭に、国家総力戦に対応するための資源確保が、現実の要請として意識されるようになっていたと考えられる。

永田は、国家総力戦のためには、満蒙のみならず、華北、華中の資源が必要だと考えていた。したがって、満蒙につづいて、華北の勢力圏化が次の課題となっていた。国民政府の排日姿勢から、通常の方法での安定的な資源確保は不可能だと判断していたからである。だが、塘沽停戦協定以降、国際的な配慮から、中国本土にたいしては慎重な姿勢を取っていた。しかし、ドイツ再軍備宣言によって、次期大戦が現実的な可能性として想定されうるようになり、自給資源確保の必要が実際的な要請として考慮されることとなったといえよう。

そして、ナチス・ドイツの再軍備宣言による欧州情勢の緊迫化は、国家総動員態勢の構築に向けて、皇道派の排除など陸軍の内部統制の確立を永田に急がせることとなったと推測される。だが、「対北支那政策」通達から約一週間後の八月一二日、永田は暗殺される。

その後、日本は、二・二六事件をへて、日中戦争、太平洋戦争へと進んでいく。そして永田の構想は、武藤章、田中新一ら統制派系有力幕僚に強い影響を残すこととなる。日中戦争開戦時、武藤は参謀本部作戦課長、田中は陸軍省軍事課長のポストにあり、対中強硬姿勢に陸軍中央を動かした。また、日米開戦時には、武藤は陸軍省軍務局長として、田中は参謀本部作戦部長として、開戦決定に実質上枢要な役割をはたした（その詳細については、拙著『昭和陸軍の軌跡』参照）。

このように、山県の国際秩序認識は、力の論理が支配するパワー・ポリティクスの貫徹する世界であり、そのような認識を背景とする安全保障構想は、日露同盟による東アジアでの新たな勢力均衡の創出によろうとするものであった。その新たな勢力均衡は、中国における日本の勢力圏拡大を許容するものとして想定されていた。そして山県は、長期戦略としては、大陸での勢力圏拡大を背景に、「自主独立の実力」によって欧米列強に比肩しうる軍事強国となることをめざしていた。しかし、ロシア革命によって帝政ロシアが消失するとともに、国際社会で孤立し、その構想は崩壊する。

これにたいして原の国際秩序認識は、山県とほぼ同様であったが、彼の安全保障構想は、山県とは異なり、必要最小限の戦力の保持とともに、国際的に大きな影響力をもつ米英とりわけアメリカとの提携を考慮に入れたものだった。それによって米英協調下での平和的な交易型産業国家の道を歩もうとしたのである。だがそれは、日米関係において「米国のなすがまま」におちいる危険を内包していると原は危惧していた。しかし、第一次世界大戦終結後の国際連盟の創設によって、原の国際秩序認識は、連盟の存在を前提とするものへと変化していく。それにともなって安全保障構想も、対米提携と連盟による集団的安全保障の組み合わせの方向を模索する。だが、当時、創設まもない連盟の先行きはなお不透明であり、原自身、連盟創設後の新たな安全保障システムの模索途上で暗殺される。

浜口の構想は、この原の構想を継承し発展させようとしたもので、軍縮下での戦力と対米英協調、さらには国際連盟による集団的安全保障を基本に、新たな安全保障システムを構築しようとした。そして、連盟による世界レベルでの集団的安全保障体制の不十分さを、東アジアにおける九ヵ国条約など、軍縮や平和維持に関する多層的多重的な条約網の形成で、補完していく方向を考えていた。それらによって、対米協調（＝対米提携）下、原の危惧した「米国のなすがまま」となることをも抑制しようとしたのである。また、彼がロンドン海軍軍縮条約の締結に頑強にこだわったのも、そのような意図があったからだった。それと同時に、浜口は連盟による集団的安全保障を軸とした、パワー・ポリティクスを超える新たな国際秩序を作り上げようとした。しかし、そのような企図も、世界恐慌による深刻な国際的混乱と浜口の狙撃、陸軍による満州事変、連盟脱退などによって挫折する。

一方、永田は、国際連盟の実効性については疑問をもっており、国際社会をあくまでもパワー・ポリティクスの貫徹する世界としてとらえていた。したがって、連盟によって戦争を阻止することができず、列強間の戦争はこれまでのように不可避的なものであり、それゆえ次期大戦も、避けることはできないと判断していた。日本も、好むと好まざるとにかかわらず、安全保障上次期大戦に向けて、それに対応しうる準備と計画を整えておかねばならない。それには、常備軍の機械化のみならず、工業生産力の拡充をはかること。さらには、戦時における国家総動員の態勢構築、長期の国家総力戦に耐えうる資源自給などの見通しをつけておくこと。それらが必須の要請だと永田は考えていた。そのためには従来の陸軍の手法では不十分で、軍の政治的発言力の強化と、不足資源の中国大陸からの確保が不可欠だとみていた。その不足資源確保のための方策が、満州事変であり、華北分離工作であった。だが、永田もまた暗殺され、その構想はさまざまな流れに分岐し太平洋戦争へと至る。

こうして、山県の構想は帝政ロシアの消失によって崩壊し、原から浜口へと受け継がれた構想も満州事変と政党政治の終焉によって挫折する。そして永田の構想もその死とともに陸軍内で分岐し、その陸軍も敗戦によって解体する。

こうした観点からすれば、ある意味では彼らの安全保障構想は、いずれも結果的には失敗に終わったといえる。

それゆえ、それぞれの構想からどのような教訓や示唆を受け取るのかは、現代に生きる我々それぞれの自由な判断にゆだねられたままとなっている。

したがって、この問題は、個々の読者の思索と判断にお任せしたいと思う。

ただ、私見を述べさせていただければ、筆者個人としては、浜口の構想における国際連盟を補完するものとしての九ヵ国条約の位置づけに、強く関心を引かれる。

九ヵ国条約は、現代のNATOや旧ワルシャワ条約機構のような、域外の仮想敵に対するための集団的安全保障システムではない。それは、中国という特定の地域を対象とするものではあるが、域外に仮想敵を想定せず、いわば域内の安全を相互に保障しあう集団的相互安全保障システムだった。

現在の時点で、日本をふくめた東アジア・太平洋地域の安全保障を考える場合、この国際連盟と九ヵ国条約との関係は、示唆するところ多いのではないだろうか。そのような方向が、長期的には、沖縄の米軍基地をめぐる深刻なディレンマの克服にもつながっていくと思われるからである。

文献案内（基本的なものに限る）

一、山県有朋の発言・伝記

①大山梓編『山県有朋意見書』（原書房、一九六六年）
②伊藤隆編『大正初期山県有朋談話筆記・政変思出草』（山川出版社、一九八一年）
③高橋義雄『山公遺烈』（慶文堂書店、一九二五年）
④尚友倶楽部編『大正初期山県有朋談話筆記・続』（芙蓉書房出版、二〇一一年）
⑤入江貫一『山県公のおもかげ』（偕行社編纂部、一九三〇年）

山県研究のみならず、近代日本国家の軌跡を考えるうえでの最重要史料の一つが①である。②③④は側近による談話筆記。

⑥徳富蘇峰編述『公爵山県有朋伝』（原書房、一九六九年）
⑦岡義武『山県有朋——明治日本の象徴』（岩波新書、一九五八年）
⑧伊藤之雄『山県有朋——愚直な権力者の生涯』（文春新書、二〇〇九年）

よく知られている山県の伝記は⑥で第一次史料を数多く掲載している。⑦は骨太な筆致で山県の人とその政治的軌跡をえがいた評伝。⑧は最新の研究にもとづいて詳細に山県の生涯を描く。

二、原敬の発言（日記を含む）・伝記

①原敬全集刊行会編『原敬全集』全二巻（原書房、一九六九年）

②原奎一郎編『原敬日記』全六巻（福村出版、一九八一年）

③原敬文書研究会編『原敬関係文書』全一一巻（日本放送出版協会、一九八四〜八九年）

原の構想を知るうえでのもっとも基本的な史料は①②。とりわけ②は同時代の政界中枢の動きが詳細にわかる希有なもの。ただそこでは公式な場所での自身の発言については、ほとんどその内容にふれていないので、原の考えを知るには①との併読が必須。ほかに立憲政友会編『政友』（柏書房、一九八〇年）にも原の重要な発言が残されている。

④前田蓮山『原敬伝』全二巻（高山書院、一九四三年）

⑤原奎一郎『原敬』（原敬遺徳顕彰会、一九七六年）

⑥山本四郎『評伝原敬』全二巻（東京創元社、一九九七年）

⑦木村幸治『本懐・宰相原敬』（熊谷印刷出版部、二〇〇八年）

原の代表的な伝記は④だが、現在のところ⑥がもっとも詳細。

三、浜口雄幸の発言（日記を含む）・伝記

①池井優・波多野勝・黒沢文貴編『浜口雄幸　日記・随感録』（みすず書房、一九九一年）

②川田稔編『浜口雄幸集　論述・講演篇』（未来社、二〇〇〇年）

③川田稔編『浜口雄幸集　議会演説篇』（未来社、二〇〇四年）

昭和初期の浜口の日記を収めた①は同時期の政治を見るうえでも重要な記録。②③は浜口の発言の集大成。

④小柳津五郎編『浜口雄幸伝』（浜口雄幸伝刊行会、一九三一年）

⑤北田悌子『父浜口雄幸』（日比谷書房、一九三二年）
⑥波多野勝『浜口雄幸――政党政治の試験時代』（中公新書、一九九三年）
⑦川田稔『浜口雄幸――たとえ身命を失うとも』（ミネルヴァ書房、二〇〇七年）
浜口の伝記として詳細なのは④だが概説的。家族による回想として⑤が秀逸。

四、永田鉄山の発言・伝記

①永田鉄山「国防に関する欧州戦の教訓」（『中等学校地理歴史科教員協議会議事及講演速記録』第四回、一九二〇年）
②永田鉄山「国家総動員準備施設と青少年訓練」（沢本孟虎編『国家総動員の意義』、青山書院、一九二六年）
③永田鉄山「現代国防概論」（遠藤二雄編『公民教育概論』、義済会、一九二七年）
④永田鉄山「国家総動員」『昭和二年帝国在郷軍人会講習会議事録』（帝国在郷軍人会本部、一九二七年）
⑤永田鉄山『国家総動員』（大阪毎日新聞社、一九二八年）
⑥永田鉄山『新軍事講本』（青年教育普及会、一九三二年）
⑦永田鉄山「満蒙問題感懐の一端」（『外交時報』第六六八号、一九三二年）
⑧臨時軍事調査委員（永田鉄山執筆）『国家総動員に関する意見』（陸軍省、一九二〇年）
永田の構想を知るには①③④が重要。⑦は満州事変後の永田の貴重な論考。なお永田が直接関与した重要な史料として他に、陸軍省新聞班編『国防の本義と其強化の提唱』（陸軍省新聞班、一九三四年）、陸軍省「対北支政策に関する件」（『満受大日記（密）』、昭和十年、十一冊ノ内其九』、国立公文書館所蔵）がある。
⑨永田鉄山刊行会編『秘録永田鉄山』（芙蓉書房、一九七二年）

⑩森靖夫『永田鉄山――平和維持は軍人の最大責務なり』(ミネルヴァ書房、二〇一一年)

永田の代表的な伝記史料は⑨。永田の生涯を追った⑩は新進気鋭の研究者による好著。

五、第一次世界大戦期における山県・原の周辺関係史料

①岡義武・林茂校訂『大正デモクラシー期の政治――松本剛吉政治日誌』(岩波書店、一九五九年)

②尚友倶楽部編『田健治郎日記』(芙蓉書房出版、二〇〇八年〜刊行中)

③小林竜夫編・伊東巳代治『翠雨荘日記――臨時外交調査委員会会議筆記等』(原書房、一九六六年)

松本剛吉による①はこの時期の山県の動きにもっとも詳しい史料の一つ。原についてもかなり記述がある。松本は、政界の情報通として知られ、山県や原のもとにも頻繁に出入りしていた。②にも山県の発言がかなり残されている(田は山県の配下)。③は原の関与した臨時外交調査委員会での議論に詳しい。

六、昭和初期の浜口・永田の周辺関係資料

①原田熊雄述『西園寺公と政局』全九巻(岩波書店、一九五〇〜五六年)

②伊藤隆・広瀬順晧編『牧野伸顕日記』(中央公論社、一九九〇年)

③木戸日記研究会編『木戸幸一日記』全二巻(東京大学出版会、一九六六年)

④角田順校訂『宇垣一成日記』全三巻(みすず書房、一九六八〜七一年)

⑤日本国際政治学会編『太平洋戦争への道』別巻「資料編」(朝日新聞社、一九六三年)

⑥小林龍夫・島田俊彦編『現代史資料』第七巻「満洲事変」(みすず書房、一九六四年)

⑦小林龍夫・島田俊彦・稲葉正夫編『現代史資料』一一巻「続・満洲事変」(みすず書房、一九六五年)

昭和前期の政界中枢や宮中・陸軍の動きを知るうえでの基本資料が①②③④。ロンドン海軍軍縮条約・満

州事変関係については、⑤⑥⑦が重要資料を収録。

七、第一次世界大戦期の原・山県をあつかった主な研究

①三谷太一郎『日本政党政治の形成——原敬の政治指導の展開』（東京大学出版会、一九六七年）
②信夫清三郎『大正政治史』（勁草書房、一九六八年）
③升味準之輔『日本政党史論』第三〜四巻（東京大学出版会、一九六七〜六八年）
④伊藤隆編『山県有朋と近代日本』（吉川弘文館、二〇〇八年）
⑤川田稔『原敬　転換期の構想——国際社会と日本』（未来社、一九九五年）
⑥川田稔『原敬と山県有朋——国家構想をめぐる外交と内政』（中公新書、一九九八年）

八、昭和初期の浜口・永田をあつかった主な研究・回想

①伊藤隆『昭和初期政治史研究——ロンドン海軍軍縮問題をめぐる諸政治集団の対抗と提携』（東京大学出版会、一九六九年）
②黒沢文貴『大戦間期の日本陸軍』（みすず書房、二〇〇〇年）
③小林道彦『政党内閣の崩壊と満州事変——1918〜1932』（ミネルヴァ書房、二〇一〇年）
④酒井哲哉『大正デモクラシー体制の崩壊——内政と外交』（東京大学出版会、一九九二年）
⑤若槻礼次郎『明治・大正・昭和政界秘史——古風庵回顧録』（講談社学術文庫、一九八三年）
⑥幣原喜重郎『外交五十年』（中公文庫、一九八七年）
⑦土橋弘道編・土橋勇逸『軍服生活四十年の想出』（勁草出版サービスセンター、一九八五年）
⑧池田純久『日本の曲り角——軍閥の悲劇と最後の御前会議』（千城出版、一九六八年）

⑨舩木繁『支那派遣軍総司令官岡村寧次大将』（河出書房新社、一九八四年）
⑩川田稔『浜口雄幸と永田鉄山』（講談社選書メチエ、二〇〇九年）
⑪川田稔『満州事変と政党政治——軍部と政党の激闘』（講談社選書メチエ、二〇一〇年）
⑫川田稔『昭和陸軍の軌跡——永田鉄山の構想とその分岐』（中公新書、二〇一一年）

九、両大戦間期の政治・経済・外交に関する主な研究

①麻田貞雄『両大戦間の日米関係——海軍と政策決定過程』（東京大学出版会、一九九三年）
②伊香俊哉『近代日本と戦争違法化体制——第一次世界大戦から日中戦争へ』（吉川弘文館、二〇〇二年）
③石井寛治『帝国主義日本の対外戦略』（名古屋大学出版会、二〇一二年）
④伊藤之雄『大正デモクラシーと政党政治』（山川出版社、一九八七年）
⑤伊藤之雄『昭和天皇と立憲君主制の崩壊』（名古屋大学出版会、二〇〇五年）
⑥入江昭『極東新秩序の模索』（原書房、一九六八年）
⑦入江昭『米中関係のイメージ』（平凡社ライブラリー、二〇〇二年）
⑧臼井勝美『日本と中国——大正時代』（原書房、一九七二年）
⑨臼井勝美『日中外交史——北伐の時代』（塙新書、一九七一年）
⑩内田尚孝『華北事変の研究——塘沽停戦協定と華北危機下の日中関係一九三二～一九三五年』（汲古書院、二〇〇六年）
⑪大石嘉一郎編『日本帝国主義史』全三巻（東京大学出版会、一九八五～九四年）
⑫北岡伸一『日本陸軍と大陸政策——1906–1918年』（東京大学出版会、一九七八年）
⑬北岡伸一『官僚制としての日本陸軍』（筑摩書房、二〇一二年）

⑭木畑洋一ほか編『日英交流史 1600–2000』全五巻（東京大学出版会、二〇〇〇～〇一年）
⑮近代日本研究会編『昭和期の軍部』（山川出版社、一九七九年）
⑯久保亨『戦間期中国〈自立への模索〉――関税通貨政策と経済発展』（東京大学出版会、一九九九年）
⑰黒野耐『帝国国防方針の研究――陸海軍国防思想の展開と特徴』（総和社、二〇〇〇年）
⑱篠原初枝『戦争の法から平和の法へ――戦間期のアメリカ国際法学者』（東京大学出版会、二〇〇三年）
⑲季武嘉也『大正期の政治構造』（吉川弘文館、一九九八年）
⑳筒井清忠『昭和期日本の構造――その歴史社会学的考察』（有斐閣、一九八四年）
㉑永井和『青年君主昭和天皇と元老西園寺』（京都大学学術出版会、二〇〇三年）
㉒奈良岡聰智『加藤高明と政党政治――二大政党制への道』（山川出版社、二〇〇六年）
㉓日本国際政治学会太平洋戦争原因究明部編『太平洋戦争への道』全八巻（朝日新聞社、一九六二～六三年）
㉔村井良太『政党内閣制の成立　一九一八～二七年』（有斐閣、二〇〇五年）
㉕服部龍二『東アジア国際環境の変動と日本外交 1918–1931』（有斐閣、二〇〇一年）
㉖細谷千博『両大戦間の日本外交 1914–1945』（岩波書店、一九八八年）
㉗細谷千博・斎藤真編『ワシントン体制と日米関係』（東京大学出版会、一九七八年）
㉘細谷千博編『日英関係史　一九一七－一九四九』（東京大学出版会、一九八二年）
㉙三和良一『戦間期日本の経済政策史的研究』（東京大学出版会、二〇〇三年）
㉚吉村道男『日本とロシア――日露戦後からロシア革命まで』（原書房、一九六八年）
㉛立命館大学西園寺公望伝編纂委員会編『西園寺公望伝』全六巻（岩波書店、一九九〇～九七年）

あとがき

本書は、戦前とりわけ両大戦間期日本の代表的政治家・軍人である、山県有朋、原敬、浜口雄幸、永田鉄山をとりあげ、それぞれの安全保障構想を比較検討したものである。その問題意識とそれぞれの構想の内容の概要については、「はじめに」と「むすびに」に簡単にまとめてあるので、ここではくりかえさない。

筆者は、山県と原とについては、これまで、『原敬と山県有朋』（中公新書）、『原敬　転換期の構想』（未来社）を発表している。また浜口と永田については、『浜口雄幸』（ミネルヴァ書房）、『浜口雄幸と永田鉄山』（講談社選書メチエ）、『昭和陸軍の軌跡』（中公新書）などを発表している。

したがって、本書もこれらの研究を一つのベースにしており、それらと内容的に一部重複している。その点は、ご了承いただきたい。また、彼らの政治構想の全体像とその時代背景をさらに詳しく知りたい方は、これらの拙著を参照していただければと思う。

また巻末に、簡単な文献案内を付してあるので、そちらも参考にしていただきたい。

筆者は、内外ともに大きな激動期であった両大戦間期日本の経験は、――その評価は様々ありうるが——これからの日本のあり方を考えていくうえでの、重要な歴史的遺産の一つだと考えている。

本書は、両大戦間期日本への歴史的興味のみならず、そのような関心にもとづいている。彼ら四人の安全保障構想も、そのようなものとして考察した。

読者の皆様の忌憚のないご意見、ご批評をいただきたい。

なお、読みやすさを考慮して、引用文の旧字、旧かなづかいは、すべて現行のものに、また一部の漢字をひらがなにあらためた。

また、本書の出版については、講談社学術図書第一出版部次長の山崎比呂志さんに相談にのっていただき、講談社現代新書出版部の所澤淳さんをご紹介いただいた。本書の編集を担当された所澤さんには、さまざまな面で有益で的確なアドバイスをいただくなど、力を尽くしていただいた。本書所収の写真も所澤さんのお力添えによっている。お二人に心から感謝の意を表したいと思う。

二〇一二年初冬

川田　稔

引用文中に、今日では差別・偏見ととられる不適切な表現がある。しかし歴史資料であることを考え、原文のまま引用した。

講談社現代新書　2190

戦《せん》前《ぜん》日《に》本《ほん》の安《あん》全《ぜん》保《ほ》障《しょう》

二〇一三年一月二〇日第一刷発行　二〇二一年一〇月二六日第六刷発行

著者　川《かわ》田《だ》稔《みのる》

発行者　鈴木章一
発行所　株式会社講談社
東京都文京区音羽二丁目一二―二一　郵便番号一一二―八〇〇一
電話　〇三―五三九五―三五二一　編集（現代新書）
〇三―五三九五―四四一五　販売
〇三―五三九五―三六一五　業務
装幀者　中島英樹
印刷所　豊国印刷株式会社
製本所　株式会社国宝社
定価はカバーに表示してあります　Printed in Japan

N.D.C.210　294p　18cm
ISBN978-4-06-288190-6

「講談社現代新書」の刊行にあたって

教養は万人が身をもって養い創造すべきものであって、一部の専門家の占有物として、ただ一方的に人々の手もとに配布され伝達されうるものではありません。

しかし、不幸にしてわが国の現状では、教養の重要な養いとなるべき書物は、ほとんど講壇からの天下りや単なる解説に終始し、知識技術を真剣に希求する青少年・学生・一般民衆の根本的な疑問や興味は、けっして十分に答えられ、解きほぐされ、手引きされることがありません。万人の内奥から発した真正の教養への芽ばえが、こうして放置され、むなしく滅びさる運命にゆだねられているのです。

このことは、中・高校だけで教育をおわる人々の成長をはばんでいるだけでなく、大学に進んだり、インテリと目されたりする人々の精神力の健康さえもむしばみ、わが国の文化の実質をまことに脆弱なものにしています。単なる博識以上の根強い思索力・判断力、および確かな技術にささえられた教養を必要とする日本の将来にとって、これは真剣に憂慮されなければならない事態であるといわなければなりません。

わたしたちの「講談社現代新書」は、この事態の克服を意図して計画されたものです。これによってわたしたちは、講壇からの天下りでもなく、単なる解説書でもない、もっぱら万人の魂に生ずる初発的かつ根本的な問題をとらえ、掘り起こし、手引きし、しかも最新の知識への展望を万人に確立させる書物を、新しく世の中に送り出したいと念願しています。

わたしたちは、創業以来民衆を対象とする啓蒙の仕事に専心してきた講談社にとって、これこそもっともふさわしい課題であり、伝統ある出版社としての義務でもあると考えているのです。

一九六四年四月　野間省一